Das antike Griechenland

Ein fesselnder Führer zur griechischen Geschichte vom Dunklen Zeitalter bis zum Ende der Antike

© Copyright 2020

Alle Rechte vorbehalten. Kein Teil dieses Buches darf in irgendeiner Form ohne schriftliche Genehmigung des Autors reproduziert werden. Rezensenten dürfen in Besprechungen kurze Textpassagen zitieren.

Haftungsausschluss: Kein Teil dieser Publikation darf ohne die schriftliche Erlaubnis des Verlags reproduziert oder in irgendeiner Form übertragen werden, sei es auf mechanischem oder elektronischem Wege, einschließlich Fotokopie oder Tonaufnahme oder in einem Informationsspeicher oder Datenspeicher oder durch E-Mail.

Obwohl alle Anstrengungen unternommen wurden, die in diesem Werk enthaltenen Informationen zu verifizieren, übernehmen weder der Autor noch der Verlag Verantwortung für etwaige Fehler, Auslassungen oder gegenteilige Auslegungen des Themas.

Dieses Buch dient der Unterhaltung. Die geäußerte Meinung ist ausschließlich die des Autors und sollte nicht als Ausdruck von fachlicher Anweisung oder Anordnung verstanden werden. Der Leser / die Leserin ist selbst für seine / ihre Handlungen verantwortlich.

Die Einhaltung aller anwendbaren Gesetze und Regelungen, einschließlich internationaler, Bundes-, Staats- und lokaler Rechtsprechung, die Geschäftspraktiken, Werbung und alle übrigen Aspekte des Geschäftsbetriebs in den USA, Kanada, dem Vereinigten Königreich regeln oder jeglicher anderer Jurisdiktion obliegt ausschließlich dem Käufer oder Leser.

Weder der Autor noch der Verlag übernimmt Verantwortung oder Haftung oder sonst etwas im Namen des Käufers oder Lesers dieser Materialien. Jegliche Kränkung einer Einzelperson oder Organisation ist unbeabsichtigt.

Inhaltsverzeichnis

EINFÜHRUNG 1
KAPITEL 1 - DIE DÄMMERUNG DES DUNKLEN ZEITALTERS..........3
KAPITEL 2 - VON DER DUNKELHEIT ZUR DEMOKRATIE 8
KAPITEL 3 - DIE OLYMPISCHEN ANFÄNGE 12
KAPITEL 4 - GRIECHENLAND WÄCHST MIT JEDEM KRIEG 17
KAPITEL 5 - DER KAMPF UM DIE DEMOKRATIE.............................24
KAPITEL 6 - DER PELOPONNESISCHE KRIEG 29
KAPITEL 7 - AUFTRITT VON ALEXANDER DEM GROßEN 34
KAPITEL 8 - GROßE GEISTER DES ANTIKEN GRIECHENLANDS 41
KAPITEL 9 - DIE RÖMISCHE ÜBERNAHME......................................45
KAPITEL 10 - KLEOPATRA UND IHRE GATTEN...............................54
KAPITEL 11 - HADRIANS REISEN 57
KAPITEL 12 - DIE ANGRIFFE DER GOTEN AUF GRIECHENLAND ..62
KAPITEL 13 - DER AUFSTIEG DES CHRISTENTUMS 67
KAPITEL 14 - DAS ENDE DER ANTIKE..72
SCHLUSSBEMERKUNG...76
LITERATURVERZEICHNIS...78

Einführung

Die Zeit, die wir gewöhnlich als das antike Griechenland bezeichnen, umfasst den langen Zeitraum vom Dunklen Zeitalter (oder auch den Dunklen Jahrhunderten) um etwa 1100 v. Chr. bis zum Ende der Antike um etwa 600 n. Chr. So wechselhaft wie diese Zeitspanne war auch die Geographie Griechenlands. Während dieser Zeit erstreckten sich die Grenzen Griechenlands zeitweise über seine heutigen Grenzen hinaus, zu anderen Zeiten schrumpften die Grenzen und die Region stand unter der Herrschaft des Römischen Reichs. Dennoch war der Einflussbereich Griechenlands groß, benachbarte Gebiete wurden nachhaltig von der griechischen Kultur und Geschichte beeinflusst.

Die griechische Kultur und ihre Geschichte war so einflussreich, dass sie bis heute eine spürbare Wirkung auf uns moderne Menschen in der ganzen Welt hat. Die alten Griechen hoben die Demokratie aus der Taufe, ein politisches System, das weit verbreitet ist und von manchen für die beste Form der Regierung gehalten wird. Große Geister aus Griechenland machten unglaubliche und entscheidende Entdeckungen wie z.B. die Wassermühle, die Grundlagen der Geometrie und die Anwendung der Medizin, um Krankheiten zu heilen. Die antiken griechischen Philosophen legten das Fundament für ein neues Denken und Forschen. Das antike Griechenland rief auch die Olympischen Spiele ins Leben, die noch heute regelmäßig ausgetragen werden. Besonders berühmte Persönlichkeiten wie Alexander der Große und Kleopatra spielten in der griechischen Geschichte ein Rolle oder waren zumindest durch Kriege und die Erweiterung von Reichen mit ihr verbunden.

Aufgrund des Einflusses des antiken Griechenlands werden Sie in diesem Buch nicht nur etwas über das antike Griechenland lernen, sondern auch etwas über Ihre eigene Geschichte erfahren und über die Ursprünge der Menschen, Orte und Institutionen, über die Sie schon in der Schule etwas gehört haben. Es ist eine fesselnde Reise vom Beginn des Dunklen Zeitalters durch die Dunkelheit, die Demokratie und Entdeckungen, bis hin zur Entwicklung der westlichen Zivilisation.

Kapitel 1 – Die Dämmerung des Dunklen Zeitalters

Für ungefähr fünfhundert Jahre herrschte in der geographischen Region, die wir heute als Griechenland kennen, die mykenische Kultur vor. Etwa um 1200 v. Chr. begann die mykenische Zivilisation zusammenzubrechen. Archäologische Zeugnisse deuten darauf hin, dass um etwa 1100 v. Chr. die Städte, die entlegenen Siedlungen und die gesamte Organisation der Kultur der Mykener verlassen oder zerstört wurden. Um 1050 v. Chr. waren die erkennbaren Spuren der mykenischen Kultur schon beinahe völlig verschwunden und die Bevölkerungszahl hatte deutlich abgenommen. Viele Historiker haben Erklärungen für diesen Abschwung gesucht. Manche schreiben den Zerfall der mykenischen Kultur, der mit dem Ende der Bronzezeit einherging, klimatischen oder Umweltkatastrophen zu. Andere machen die Invasion der Dorer oder „Seevölker" dafür verantwortlich. Es gibt keine einheitliche Erklärung, die allen archäologischen Erkenntnissen gerecht wird.

Die Invasion einer als „Seevölker" bekannten Gruppe mag zum Zusammenbruch der mykenischen Zivilisation beigetragen haben. Ihre genauen Ursprünge sind geheimnisvoll. Die „Seevölker" sind möglicherweise von weither gekommen, nämlich vom Nordufer des

Schwarzen Meeres, oder ganz aus der Nähe, nämlich der Ägäis oder der Mittelmeerküste von Kleinasien (Asia Minor). Die Ägypter erwähnten diese Völker in Inschriften und Bildhauereien in Karnak und Luxor. Sie erzielten einige militärische Erfolge gegen diese fremden Kämpfer, aber auch Ägypten konnte den Auswirkungen ihrer Angriffe nicht entgehen, die im gesamten östlichen Mittelmeerraum stattfanden, einschließlich des Gebietes des heutigen Griechenlands, und den Beginn des Dunklen Zeitalters einleiteten.

Der Zusammenbruch der mykenischen Zivilisation verursachte erhebliche Störungen in der Lebensweise der Menschen dieser Region. Es kam zu wirtschaftlichen Nöten, Hunger und politischer Instabilität. Große Revolten ereigneten sich und mächtige Königreiche wurden zu Fall gebracht. Wichtige Handelsverbindungen gingen verloren. Städte und Dörfer wurden verlassen oder niedergebrannt. Die Bevölkerungszahl Griechenlands sank möglicherweise auf die Hälfte und ganze Organisationssysteme hörten auf zu existieren: staatliche Armeen, Könige, Verwalter und Handelsbeziehungen verschwanden.

Aufgrund des Zusammenbruchs großer Städte konnten Bauprojekte und Wandmalereien nicht fertiggestellt werden. Der Gebrauch der Linearschrift B hörte auf. Das verringerte das Vermögen, über etwas Buch zu führen, und so stammt unsere Kenntnis dieser Epoche der griechischen Geschichte nur aus Überresten und Artefakten, die in Gräbern gefunden wurden.

Die fragmentierten Gesellschaften, die übrig blieben, waren größtenteils voneinander getrennt und entwickelten ihre eigene Kultur, ihren Töpferstil, ihre Begräbnisriten und andere Siedlungscharakteristiken. Aufzeichnungen gab es - wie gesagt - kaum, aber Töpferware wurde in archäologischen Grabungsstätten gefunden. Der Töpferstil, der als protogeometrisch bekannt ist, war bedeutend weniger komplex als Formen, die vor dem Zusammenbruch existierten. Das ist ein Zeichen dafür, dass es keinen

Fortschritt in der Entwicklung gab und in einigen Fällen sogar einen Rückschritt.

Es ist wahrscheinlich, dass die Aufteilung der Region auf Grundlage von Verwandtschaftsbeziehungen und den Oikoi (oder Haus- und Wirtschaftsgemeinschaften) organisiert war. Das bildete den Ursprung der späteren Polis (der politischen Beschaffenheit Griechenlands). Aufgrund der disparaten Gemeinschaften lassen sich keine Verallgemeinerungen über eine größere Gesellschaft treffen. Die verschiedenen Bewohner der Region, die den Zusammenbruch überlebten, lassen sich nicht zu sinnvollen Gruppen zusammenfassen, weil sie zu viel Zeit ohne Verbindung zu anderen Gruppen verbrachten. Einige Gebiete in Griechenland wie Attika, Euböa und Zentralkreta gewannen ihre Wirtschaftskraft früher als andere zurück.

Glücklicherweise war nicht alles für die Zukunft der Region verloren. Es gab immer noch einige Fortschritte während dieser Zeit. Sie waren nur begrenzter und langsamer, als sie es unter anderen Umständen gewesen wären. Es gab immer noch Landwirtschaft, Weberei, Metallverarbeitung und Töpferei, aber mit geringeren Produktionszahlen und nur für den lokalen Gebrauch bestimmt. Es gab einen begrenzten technischen Fortschritt, wie z.B. eine schnellere Töpferscheibe und die Entwicklung des Zirkels (um geometrische Muster zu zeichnen). Länger haltbare Glasuren wurden mithilfe von höheren Brenntemperaturen entwickelt.

Für die historische Entwicklung der Region waren vielleicht neue, aus Zypern und der Levante stammende Verfahren der Eisenschmelze, mit denen die örtlichen Eisenerzvorkommen genutzt wurden, am wichtigsten und einflussreichsten. Waffen aus Eisen waren nicht mehr nur für Elitekämpfer verfügbar und die allgemeine Verwendung von Eisen war ein entscheidendes Charakteristikum der meisten Siedlungen des Dunklen Zeitalters. Ab 1050 v. Chr. entstanden mehrere lokale Eisenindustrien und um 900 enthielten fast alle Gräber wenigstens einige eiserne Gerätschaften.

Mit der Zeit und zunehmenden Erwerbsmöglichkeiten waren einige Gemeinschaften in der Lage, sich von ihren Rückschlägen zu erholen. Archäologen untersuchen diese Gemeinschaften, um ihre Strukturen und den Verlauf der Ereignisse besser zu verstehen. So haben zum Beispiel Ausgrabungen von Gemeinschaften aus dem Dunklen Zeitalter in Nicosia auf der Peloponnes gezeigt, wie eine Stadt des Bronzezeitalters 1150 v. Chr. verlassen wurde und dann als eine kleine Anhäufung von Dörfern um 1075 neu entstand.

Zu dieser Zeit lebten dort nur etwa vierzig Familien, die über viel landwirtschaftlich nutzbare Fläche und Weiden für ihr Vieh verfügten. Die Überreste eines Gebäudes aus dem zehnten vorchristlichen Jahrhundert mit einem Megaron (einer großen, für griechische Paläste typischen Halle), das auf einem Gebirgskamm stand, haben zu der Vermutung geführt, dass dies das Haus eines Anführers oder ein Ort von religiöser Bedeutung war. Es handelte sich dabei um einen größeren Bau als die übrigen, der aber aus den gleichen Materialien (Lehmziegel und Strohdach) bestand.

Auch im Dunklen Zeitalter gab es Menschen, die einen höheren Stand innehatten, aber ihr Lebensstandard lag nicht bedeutend höher als der anderer Dorfbewohner. Die meisten Griechen lebten nicht auf isolierten Gehöften, weil das die Gefahr und das Risiko vergrößerte, von Feinden angegriffen zu werden. Stattdessen lebten sie in kleinen Siedlungen. In den nächsten zwei- bis dreihundert Jahren bestand ihre hauptsächliche Erwerbsquelle wahrscheinlich im Ackerbau auf dem Grund und Boden ihrer Vorfahren.

Archäologische Berichte zeigen, dass mehrere Orte in Griechenland zu Beginn des achten Jahrhunderts einen kräftigen wirtschaftlichen Aufschwung nahmen. Der Fernhandel wurde wieder aufgenommen, indem Verbindungen zwischen dem Nahen Osten, Griechenland, Ägypten und Italien geschaffen wurden. Archäologische Funde zeigen griechische Töpferwaren in Nordsyrien und in der Villanovakultur in Italien, was Beweise für diese Handelsrouten sind.

Mit der Zeit wurden die Formen, Stile und Verzierungen der Töpferwaren komplexer und beinhalteten figurative Szenen, die aus den homerischen Epen *Ilias* und *Odyssee* zu stammen scheinen. Das zeigt, dass den Künsten wieder mehr Aufmerksamkeit geschenkt wurde. Werkzeuge und Waffen aus Eisen wurden weiterentwickelt und gewannen an Qualität.

Der Handel im Mittelmeerraum förderte neuen Nachschub an Kupfer und Zinn aus fernen Orten nach Griechenland. Das ermöglichte es Handwerkern, eine breite Palette an kunstvollen Bronzewerkzeugen und Gegenständen zu fertigen. Auch andere Küstenregionen Griechenlands nahmen wieder am wirtschaftlichen und kulturellen Austausch des zentralen und östlichen Mittelmeerraums teil. Gleichzeitig wurden auch die örtlichen Herrschaftsformen komplexer und wandelten sich von Autokratien einzelner Herrscher zu Oligarchien und anderen Formen aristokratischer Herrschaft.

Obwohl die Region Griechenland ihr Dunkles Zeitalter erlebte, das ihrem Leben Rückschläge versetzte, bauten die Menschen alles, was verloren war, wieder auf. Als sich Methoden der Herrschaft weiterentwickelten, bewegte sich die Region aus dem Dunklen Zeitalter hinaus in die Aufklärung der Demokratie.

Kapitel 2 – Von der Dunkelheit zur Demokratie

Als sich die griechische Region von der Subsistenzwirtschaft, die das Dunkle Zeitalter mit sich gebracht hatte, weiterentwickelte, konnten die Menschen wieder über mehr Wohlstand nachdenken. Die herrschende Organisation des Staates, die Regierung und die politische Führung bestanden aus vielen verschiedenen, aber gleichgestellten Gruppen. Glücklicherweise entdeckten die Griechen einen besseren Weg, als unter sich um die Macht zu kämpfen. Ihnen schwebte eine Regierungsform vor, die es allen Menschen erlaubte, die gleichen Rechte zu haben. Es war ein revolutionärer Ansatz und einer, den viele Länder heute verwirklichen – die Demokratie.

Die Entwicklung der Demokratie in den griechischen Stadtstaaten vollzog sich langsam, aber stetig. Die Demokratie in Athen entwickelte sich in Schüben, aber schließlich gelangte sie zu voller Blüte. Ihre bescheidenen Anfänge begannen mit dem Politiker Solon.

In der Zeit vor Solons Führung hatten die meisten Stadtstaaten tyrannische Regierungen (Herrschaft durch eine einzelne Person), aristokratische oder oligarchische Regierungen. Dann unternahm ein Adliger namens Kylon im Jahre 632 v. Chr. infolge eines missgedeuteten Orakelspruchs den Versuch, die Herrschaft an sich zu reißen. Der Staatsstreich schlug fehl und Kylon, sein Bruder und andere Anhänger suchten Schutz im Tempel von Athen. Kylon und seinem Bruder gelang es schließlich zu entkommen. Der versuchte Staatsstreich zog eine Zeit wechselnder Allianzen und ökonomischen Stillstands in Athen nach sich.

Um etwa 593 v. Chr. erhielt Solon infolge des politischen Klimas der Zeit fast die uneingeschränkte Macht, als er ins Amt des Archon gewählt wurde. Solon entschied sich, Weisungen zu verfassen, die die politischen Probleme, die die Stadt plagten, lösen sollten. Solons Weisungen wurden auf Holztafeln geschrieben und aufgehängt, so dass alle Bürger sie lesen konnten. Solon widerrief alle Gesetze mit Ausnahme derer, die Morde betrafen.

Vor Solons Reformen wurde Athen von neun Archonten verwaltet, die gewählt oder ernannt wurden. Es gab ebenfalls eine Versammlung des Volkes (die *Ekklesia*). Allerdings gab es keine Versammlung für die unterste Schicht der Bürger (die Theten). Solon änderte die Regeln für die *Ekklesia* und ließ alle männlichen Bürger zu. Aus ihnen wurden auch die Richter und die Geschworenen bestimmt. Das kann als eine frühe Form einer republikanischen Regierungsform angesehen werden, in der die Bürger die Gesetzgebung mitbestimmten und gewählte Führer zur Verantwortung ziehen konnten.

Um eine solch große Versammlung anzuleiten, schuf Solon den Rat der Vierhundert. Für diesen Rat stellte jede der vier athenischen Sippen einhundert Mitglieder aus ihren Reihen. Solon führte auch Veränderungen in der Organisation des athenischen Militärs durch, indem er die Ränge voneinander abgrenzte und beschrieb, wer in ihnen aufgrund des Reichtums oder Grundbesitzes seiner Familie dienen konnte.

Auch die Wirtschaftsgesetze und die Kultur Athens reformierte Solon. Väter wurden ermutigt, Gewerbe oder passende ökonomische Stellungen für ihre Söhne zu finden, ohne die sie ihre Väter im Alter nicht unterstützen konnten. Ausländische Handwerker und Händler wurden ermuntert, mit ihren Familien nach Athen zu ziehen, wo sie dann das Bürgerrecht erhielten. Der Anbau von Oliven und die Produktion von Olivenprodukten wurden gefördert, während der Export aller übrigen Produkte verboten wurde. Solon verbreitete Gesetze bezüglich bestimmter Formen der Sklaverei: Er annullierte alle auf persönlicher Dienerschaft basierenden Verträge, hob die Schuldensklaverei auf und entließ alle Athener Bürger aus jeder Form von Sklaverei. Darüber hinaus erließ Solon mehrere Sozialgesetze, die das Leben in Athen verbesserten.

Als seine Gesetze erst einmal Verbreitung gefunden hatten und er sah, dass sie wirkten, verließ Solon Athen für zehn Jahre und bereiste verschiedene Territorien des östlichen Mittelmeerraums. Die Reformen waren jedoch nicht von langer Dauer, es war eine zu große Herausforderung das Althergebrachte aufzugeben. Innerhalb von vier Jahren weigerten sich einige gewählte Beamte, ihre Ämter niederzulegen, als ihre Amtszeit vorbei war, während andere wichtige Ämter zeitweise unbesetzt blieben. Schließlich übernahm ein Verwandter Solons, Peisistratos, die Macht als Tyrann in Athen. Nachdem er nach zehn Jahren wieder nach Athen zurückkehrte, hielt Solon die Athener für Narren, weil sie diese Entwicklung zugelassen hatten.

Nachdem Peisistratos 527 v. Chr. gestorben war, wurde sein Sohn Hippias der nächste Tyrann. Hippias war grausam zu den Bürgern Athens. Er erlegte den Armen harte Steuern auf und ließ viele Menschen hinrichten. Viele lehnten seine Herrschaft ab und er begann, sich außerhalb von Athen nach Bundesgenossen umzusehen, zunächst in Persien, dann in Lampsakos. Andere Athener Familien, die über jegliche Form der Beziehung mit Persien besorgt waren, versuchten, Hippias zu stürzen. Schließlich wurde er durch einen Feldzug der Spartaner im Jahr 510 v. Chr. vertrieben und gemeinsam mit seiner Familie aus Athen verbannt. Hippias und seine Familie gingen ins Achämenidenreich (das altpersische Reich).

Nach der Vertreibung Hippias' wurde die Demokratie durch die Reformen des Kleisthenes im Jahr 508 v. Chr. wiederhergestellt. Seine erste Maßnahme veränderte die politischen Grenzen Athens und erweiterte sie auf die gesamte Region Attika. Alle dort lebenden, freien Menschen wurden zu Bürgern Athens. Weitere Veränderungen wurden 462 v. Chr. von Ephialtes durchgeführt, der die Macht des obersten Rates beschnitt und ihn auf die Rolle eines Gerichtshofes zur Verhandlung von Morden reduzierte. Im vierten Jahrhundert v. Chr. wurde der Rat erneut modifiziert und erhielt die Verantwortung für die Untersuchung von Beamtenbestechlichkeit.

Im vierten Jahrhundert vor Christus hatte die athenische Demokratie ihre Reife erreicht. Wie heute waren einige Athener politisch aktiver und ehrgeiziger als andere. Die politischen Gremien der Stadt waren komplex, vielgestaltig und kontrollierten sich gegenseitig, um die Stabilität zu gewährleisten. Um wählen zu können, musste man ein erwachsener, männlicher Bürger sein. Abgesehen von der Teilnahme an der Politik, hatten Männer im antiken Griechenland viel mehr Rechte und Befähigungen. Etwas, was sie bei den Olympischen Spielen unter Beweis stellen konnten.

Kapitel 3 – Die olympischen Anfänge

Zusätzlich zu den Segen der griechischen Demokratie, hat das antike Griechenland zukünftigen Generationen die Olympischen Spiele geschenkt.

Einige Historiker glauben, dass die Olympischen Spiele bis ins zehnte oder neunte vorchristliche Jahrhundert zurückreichen. Es ist jedoch am wahrscheinlichsten, dass die ersten Olympischen Spiele im Jahr 776 v. Chr. in Olympia stattfanden. Der Name stammt vom Berg Olympus, der Heimat der griechischen Götter und Göttinnen. Es ist unklar, wer die Spiele erfand. Die Mythologie sagt, Zeus, der Vater der anderen griechischen Göttinnen und Götter, rief sie als Erinnerung an seinen Kampf mit Kronos ins Leben. Einige schreiben die Gründung dem Halbgott Herakles (lateinisch Herkules) zu.

Zu dieser Zeit waren die Olympischen Spiele Teil eines religiösen Fests, das zu Ehren von Zeus gefeiert wurde. Sie waren eine Zeit des Waffenstillstands und guter Beziehungen zwischen den griechischen Städten. Männer aus ganz Griechenland (sowie Spanien und der Türkei, die zu dieser Zeit zu Griechenland gezählt wurden) erschienen am Zeus-Heiligtum in Olympia, um ihre Stadtstaaten zu repräsentieren, indem sie ihre körperlichen Fähigkeiten und ihr

Können unter Beweis stellten. Sie traten durch den Portikus der Echo ein und kämpften in einem antiken Stadion um den Sieg.

Bei den ersten Olympischen Spielen gab es möglicherweise nur einen einzigen bedeutenden Wettkampf: ein Rennen auf der 192 Meter langen Laufbahn im Stadion. Diesen Wettbewerb gewann ein Koch namens Koroibos aus Elis. Quellen deuten an, dass die ersten 13 Olympischen Spiele nur aus diesem einen Wettbewerb bestanden, also bis ins Jahr 724 v. Chr., denn die Olympischen Spiele fanden nur alle vier Jahre statt. Im Gegensatz zu den heutigen Medaillen wurden die Sieger bei den antiken Olympischen Spielen mit Kränzen aus Olivenzweigen ausgezeichnet.

Ab 720 v. Chr. traten weitere Wettbewerbe hinzu und die Spiele wurden größer. Manche nehmen an, dass es von diesem Jahr an üblich wurde, dass die Wettbewerbe unbekleidet durchgeführt wurden. Es ist allerdings nicht ganz klar, wann diese Tradition begann, wer sie einführte oder aus welchem Grund es geschah. Es ist sehr wahrscheinlich, dass diese Praxis seit dem späten achten Jahrhundert v. Chr. regelmäßig angewendet wurde. In der Frühzeit wurden alle olympischen Wettbewerbe an einem einzigen Tag abgehalten, aber mit zunehmender Zahl an Wettbewerben wurden die Olympischen Spiele auf fünf Tage ausgedehnt.

Als mehr Wettbewerbe dazukamen, wurden die Läufe in drei Wettbewerbe aufgeteilt: das Stadion (ein Schnelligkeitstest über eine Stadionlänge), der Diaulos (zwei Stadionlängen) und der Dolichos (zwanzig Stadionlängen). Das Ringen diente der Repräsentation des militärischen Kampfes ohne Waffen. Die Hände der Boxer waren mit Leder geschützt. Manche Kämpfer trugen Metall an den Handgelenken, um die Schläge schmerzhafter zu machen. Pankration war eine antike Form der Kampfkunst, die Elemente aus Ringen und Boxen vereinte. Die Reitwettbewerbe wurden im Hippodrom ausgetragen und der Sieger war der Besitzer des Pferdes, nicht der Reiter. Der Fünfkampf bestand aus fünf Sportarten: Ringen,

Speerwurf, Weitsprung, Laufen und Diskuswurf. Es gab auch Wettbewerbe für Jungen, einschließlich Boxen, Ringen und Laufen.

Einige der erfolgreichsten Gewinner der Olympiaden wurden in historischen Berichten gepriesen. Oft wurden Statuen von ihnen angefertigt und in ihren Heimatstädten aufgestellt. So gab es z.B. Astylos von Kroton, der sechs Siegerkränze bei verschiedenen Olympischen Spielen gewann. Seine Siege waren nicht ohne Probleme. Bei seinen ersten Spielen trat er für Kroton an. Später vertrat er Syrakus und die Einwohner Krotons bestraften ihn, indem sie seine Statue zerstörten.

Milon, ebenfalls aus Kroton, hatte Muskeln und Hirn. Er studierte bei Pythagoras (ein antiker griechischer Geometriker) und gewann sechsmal im Ringen bei den Olympischen Spielen. Er siegte zudem siebenmal bei den Pythischen Spielen, zehnmal bei den Isthmischen Spielen und neunmal bei den Nemeischen Spielen. Er war sicherlich einer der gefeiertsten Athleten Griechenlands.

Leonidas von Rhodos errang ebenfalls zahlreiche Siege. Er siegte sogar in drei verschiedenen Wettbewerben bei vier aufeinanderfolgenden Olympiaden. Melankomas von Karia wurde wegen seines Boxtalents gefeiert. Er war leicht und schnell und besiegte seinen Gegner in der Regel, ohne dass er getroffen wurde oder selbst Treffer landete. Er kämpfte, indem er seine Arme ausstreckte und ihre Schläge abwehrte, bis sie zu erschöpft waren, um weiterzukämpfen.

Obwohl Frauen nicht an den Olympischen Spielen teilnehmen durften, gelang es Kyniska von Sparta (der Tochter von König Archidamos) dennoch, einen Weg zu finden, um zu gewinnen. Sie war die erste Frau auf der Siegerliste der Olympischen Spiele, als ihr Streitwagen die Wagenrennen bei den 96. und 97. Spielen gewann. Zu der Zeit wurden die Siege den Besitzern der Wagen und Pferde angerechnet, nicht den Wagenlenkern. Leider brachte ihr heimlicher Sieg den Wagenlenker um die Anerkennung.

Obwohl viele den Marathonlauf mit den antiken Olympischen Spielen in Verbindung bringen, wurde der erste Marathon nicht in antiker Zeit gelaufen. Dieser wurde erst in das Programm der modernen Olympischen Spiele aufgenommen, und zwar um an den Lauf des Pheidippides zu erinnern, der im Jahr 490 v. Chr. Neuigkeiten von Marathon nach Athen brachte (eine Strecke von etwa 42 Kilometern). Dieses Ereignis hat mit den antiken Olympischen Spielen nichts zu tun.

Noch später, nachdem sie Griechenland erobert hatten, nahmen auch die Römer an den Olympischen Spielen teil. Die Olympischen Spiele der Antike fanden bis 393 n. Chr. statt. Man nimmt an, dass Kaiser Theodosius I. entschied, dass die Spiele heidnische Kulte repräsentierten, und sie verbieten ließ. Olympia wurde dann dem Vandalismus überlassen. Erdbeben und Überflutungen fügten ebenso Schaden zu. Das Terrain verschwand schließlich. Es wurde im Jahr 1766 vom Engländer Richard Chandler wiederentdeckt. Allerdings wurden die olympischen Ruinen erst bei Grabungen im Jahr 1875 entdeckt.

Die Spiele kehrten 1896 wieder, 1503 Jahre nach den letzten Olympischen Spielen der Antike. Der Franzose Baron Pierre de Coubertin brachte die Idee auf, moderne Olympische Spiele abzuhalten. Obwohl die Spiele zunächst in Paris stattfinden sollten, wurde nach einer Planungs- und Organisationsphase entschieden, dass die ersten modernen Olympischen Spiele in Athen abgehalten werden sollten. Die Olympischen Spiele finden jetzt im Zweijahresrhythmus in verschiedenen Städten der Welt statt, wobei sich Sommer- und Winterspiele abwechseln.

Eine zentrale Tradition der Olympischen Spiele der Neuzeit ist der olympische Fackellauf und die Entzündung der olympischen Flamme. Die Idee der olympischen Flamme wurde erstmals bei den Spielen 1928 in Amsterdam umgesetzt. Der erste Staffellauf der Fackel fand bei den Spielen in Berlin 1936 statt. Fackelläufe waren kein Bestandteil der antiken Olympischen Spiele, aber sie wurden oft bei griechischen Sportwettkämpfen, u.a. auch in Athen, durchgeführt.

Obwohl die Olympischen Spiele der Antike eine Zeit des Waffenstillstands waren und die Menschen zusammenkamen, um ihr athletisches Können zu zeigen, gab es Spannungen unter den Menschen, da Städte und Staaten die Gelegenheit nutzten, um die Überlegenheit ihrer Region unter Beweis zu stellen. Darüber hinaus war der Waffenstillstand lediglich auf die Zeitdauer einer Olympiade begrenzt und es gab viele Kriege, die sich in der Zeit zwischen den Spielen ereigneten, Griechenland neu formten und die Geschichte weiterschrieben.

Kapitel 4 – Griechenland wächst mit jedem Krieg

Da die Olympischen Spiele nur alle vier Jahre stattfanden, köchelten die Konflikte unter den Griechen in der Zwischenzeit weiter. Der Hauptkonflikt waren die Messenischen Kriege, von denen es drei gab. Es ist nicht ganz klar, wann der Erste stattfand, denn drei Historiker geben uns verschiedene und voneinander abweichende Beschreibungen. Jeder von ihnen benutzt ein anderes Maß oder Kalendersystem. Die meisten modernen Historiker nehmen an, dass der Erste Messenische Krieg wahrscheinlich 757 v. Chr. begann.

Dabei fanden die Ereignisse, die den Ersten Messenischen Krieg auslösten, vermutlich 400 Jahre zuvor statt. Irgendwann um das Jahr 1100 v. Chr. herum kehrten die Herakleiden auf die Peloponnes zurück, um ihr Geburtsrecht einzufordern. Die Herakleiden sollen die direkten Nachfahren von Herakles (Herkules) gewesen sein und waren ethnisch und sprachlich gesehen dorische Griechen. Diese Völker eroberten oder ersetzten die Führung verschiedener Städte und Regionen auf der Peloponnes. Das führte zu Veränderungen in der ethnischen Zusammensetzung des gesamten griechischen Festlands.

Dorische Gruppen verteilten sich über die südlichen zwei Drittel der Peloponnes und die Städte von Epirus. Achaier (dt. auch Achäer) besetzten die nördlichen Teile der Peloponnes, Ionier besetzten Attika, das südliche Thrakien und Makedonien, verschiedene ägäische Inseln und die Landstriche, die schließlich Ionien in Kleinasien werden sollten. Die Äolier besetzten Theben und die Städte Thessaliens. Gelegentlich kam es zu Konflikten zwischen den Herrschern dieser Städte und Regionen, insbesondere weil viele Bürger nicht der gleichen ethnischen Gruppe angehörten wie die Herrscher. Diese Trennungen – sowohl innerlich als auch äußerlich – wirkten sich bis zum Peloponnesischen Krieg auf Griechenland aus.

Ein weiterer Grund des Ersten Messenischen Krieges war die Abstammung und die Kultur der Könige von Messenien. Die Messener, die meistens Achäer waren, akzeptierten ursprünglich ihren neuen dorischen Herrscher, Kresphontes, nachdem er Merope geheiratet hatte, die Tochter von König Kypselos von Arkadien, der Achäer war. Irgendwann traten Kresphontes und Merope Land an eine Gruppe Dorer ab, die eine dorische Enklave in Messenien gründeten.

Die Untertanen Messeniens revoltierten, töteten Kresphontes und alle seine Kinder bis auf eins, Aipytos, der zu dieser Zeit gerade in Arkadien zur Erziehung weilte. Als Aipytos erwachsen war, wurde er von verschiedenen anderen dorischen Monarchen auf der Peloponnes als König von Messenien eingesetzt. Dies sollte sich später als Fehlschlag erweisen, da Aipytos begann, die dorische Kultur in Messenien systematisch auszulöschen und durch die von ihm übernommene achäische Kultur zu ersetzen. Das versetzte die dorischen Untertanen in Messenien und die Könige, die ihn auf den Thron gebracht hatten, in Wut.

Der Auslöser für den Ersten Messenischen Krieg war ein Viehdiebstahl. Polychares von Messenien, ein olympischer Athlet, mietete Weideland von Euaiphnos von Sparta. Euaiphnos stahl das Vieh und verkaufte es. Er behauptete, Räuber hätten das Land überfallen und das Vieh mitgenommen. Polychares glaubte dieser Erklärung zunächst, bis einer seiner Hirten zurückkam und erklärte, was Euaiphnos getan hatte.

Polychares war bereit, auf das Vieh zu verzichten, und Euaiphnos bot an, Polychares' Sohn mitzunehmen, um das Geld von den Händlern zurückzuholen. Als er erst einmal außerhalb von Messenien war, tötete Euaiphnos Polychares' Sohn. Polychares forderte Gerechtigkeit von den spartanischen Magistraten. Die Rechtsprechung verzögerte sich und so entschied Polychares, dass er jeden Spartaner töten würde, dessen er habhaft werden konnte. Nach mehreren Morden forderten die Spartaner die Auslieferung des Polychares nach Sparta, um ihn dort vor Gericht zu stellen. Die messenischen Herrscher waren dazu bereit, verlangten aber im Gegenzug Euaiphnos' Auslieferung.

Mittlerweile hatten also ein einfacher Viehdiebstahl und der Verkauf des Viehs die Könige von Sparta und Messenien auf den Plan gerufen. Sparta sandte eine Gruppe von Magistraten nach Messene, um die Ausweisung des Polychares einzufordern. Zu dieser Zeit herrschten zwei Männer in Messenien: Antiochos und Androkles (beide direkte Nachfahren von Aipytos). Androkles war für die Auslieferung, Antiochos dagegen.

Irgendwann kochte die Debatte zwischen den Herrschern und der spartanischen Delegation über und beide Seiten zogen die Waffen. Am Ende des Kampfes war Androkles tot, Antiochos gelang es, die Situation zu beruhigen und er schlug vor, die Frage an eine neutrale Schiedsgerichtsbarkeit der Gerichtshöfe in Argos und Athen zu überstellen. Aber nichts davon passierte, da Antiochos drei Monate später starb und sein Sohn Euphaes ihm als König von Messenien nachfolgte. Kurz nach seiner Thronbesteigung fiel Sparta in Messenien ein.

In den ersten vier Jahren des Krieges gelang es keiner der beiden Seiten, Fortschritte zu erzielen. Im fünften Jahr kam es zu einer enormen Schlacht nahe Ampheia. Der Schlachtausgang war unentschieden, aber beide Seiten verzeichneten große Verluste. Die Messener waren nicht mehr bereit, in Zukunft weitere große Verluste hinzunehmen, und zogen sich in die Bergfestung am Berg Ithomi zurück. Um diese Zeit wurde Messenien von einer vernichtenden Pestepidemie heimgesucht, der Tausende von Menschen erlagen. Bekümmert über die Verluste auf dem Schlachtfeld und die Pestopfer daheim, sandte König Euphaes einen Boten zum Orakel nach Delphi, um Rat zu suchen, wie er sich der spartanischen Bedrohung stellen sollte. Das Orakel wies ihn an, eine königliche Jungfrau zu opfern, was auch geschah. Die Spartaner, die über den Orakelspruch und die Tat der Messener informiert waren, zogen sich für sechs Jahre zurück.

Der Krieg dauerte noch für Jahre an. Zu dieser Zeit wurden Kriege nur zu Zeiten geführt, die nicht für die landwirtschaftliche Feldarbeit benötigt wurden. Das beschränkte die Zeit, in der Krieg geführt werden konnte, erheblich. Daher dauerten Kriege Jahre oder Jahrzehnte, obwohl die Kampfhandlungen sonst innerhalb kürzerer Zeit hätten beendet werden können. Allerdings verfeinerten die Griechen während der Messenischen Kriege ihre Kriegstechniken mit den Hopliten (Berufssoldaten), die spätere Auseinandersetzungen effizienter machten.

Im 18. Jahr des Krieges traten verschiedene andere griechische Städte in den Konflikt ein. Korinth schloss sich Sparta an, während Arkadien und Sikyon Messenien unterstützten. Für kurze Zeit wandte sich das Kriegsglück den Messenern durch ihren Sieg über die mit Sparta verbündeten Lakoniern zu. Irgendwann hatte König Aristodemos von Messenien einen Traum, in dem ihm seine Tochter erschien (die, die auf Anweisung des Orakels von Delphi geopfert worden war) und ihm ihre Wunden zeigte. Er erwachte, ging zu ihrem Grab und beging Selbstmord. Im folgenden Chaos verließen die Messener die Bergfestung auf dem Ithomi und die Spartaner brannten sie bis auf die Grundmauern nieder. Nach diesem Sieg unterwarfen die Spartaner ganz Messenien, machten die gesamte

Bevölkerung zu Heloten (Versklavten) und damit war der Krieg vorbei.

Der Zweite und Dritte Messenische Krieg hatte seine Wurzeln jeweils in der Asche des Ersten: der Unzufriedenheit der Heloten. Bei beiden handelte es sich um ausgedehnte helotische Rebellionen, zuerst im Jahr 685 v. Chr. und dann wieder im Jahr 464 v. Chr. Die erste Rebellion konzentrierte sich auf Messenien, wo die ansässigen Heloten ihre Herrscher stürzten und mit der Unterstützung von Argos in Lakonien einfielen. Die ursprüngliche Invasion war erfolgreich und die Messener besiegten die Spartaner in der Schlacht von Deres. Der messenische Anführer der Schlacht, Aristomenes, wurde von seinen Soldaten zu einer königsgleichen Figur für Messenien erhoben. Dass er von Aipytos abstammte, stärkte seine Position nur.

Er fühlte sich wohl besonders mutig oder verwegen, so dass er sich nach Sparta hineinschlich und einen zerschmetterten spartanischen Schild im Tempel der Athena platzierte, um den Spartanern Angst einzujagen. Es funktionierte. Die Spartaner schickten sofort nach einer Weissagung des Orakels von Delphi, das ihnen etwas mitteilte, was sie nicht hören wollten: Sie würden einen Anführer aus Athen benötigen, um ihre Armeen zum Sieg zu führen. Nachdem sie jedoch weitere Niederlagen auf dem Schlachtfeld erlitten hatten, schluckten die Spartaner ihren kollektiven Stolz hinunter und wandten sich mit einer Bitte um Hilfe an Athen.

Athen schickte ihnen Tyrtaios, der lahm war (da ihm ein Bein fehlte), fast blind und ein Dichter, kein militärischer Kommandeur. Aber offensichtlich war seine Dichtung außergewöhnlich gut, denn nachdem er zur spartanischen Armee gestoßen war, drehte sich der Krieg zu Spartas Gunsten und sie lockten die Messener schließlich in einer Festung am Berg Ira in eine Falle. Während eines Angriffs auf eine spartanische Nachschublinie wurde Aristomenes gefangengenommen.

Mithilfe seiner Schnelligkeit und Arglist, die es ihm schon erlaubt hatte, sich nach Sparta zu schleichen, war Aristomenes in der Lage, seine Fesseln zu lösen und den Spartanern vor seiner Hinrichtung zu entkommen und zurück nach Ira zu gelangen. Die Messener wehrten die Spartaner fast ein Jahrzehnt lang ab, bevor sie sich schließlich ergaben. Die Spartaner erlaubten es Frauen, Kindern und sogar Aristomenes zu gehen und teilten denjenigen mit, die blieben, dass sie entweder sterben oder wieder Heloten sein würden. Viele von ihnen gingen nach Italien und besiedelten eine Stadt bei Messina. Das war das Ende des zweiten Krieges.

Beim Dritten Messenischen Krieg handelte es sich um einen breiter angelegten Konflikt, an dem verschiedene Völker beteiligt waren, die von den Spartanern als Heloten unterworfen worden waren. Der Krieg begann als Antwort auf ein vernichtendes Erdbeben, das Sparta im Jahr 464 v. Chr. ereilte. Heutige Untersuchungen der Gegend gehen von einem Erdbeben der Stärke 7,6 aus, was es zu einem der stärksten Erdbeben der Antike macht. Forscher gehen von zehn- bis zwanzigtausend Menschen aus, die unmittelbar den Tod fanden. Als Folge rebellierten die Lakonier, die Messener, die Thurianer und die Aithaier gegen Sparta. Die Revolte war so groß, dass die Herrscher Spartas andere griechische Stadtstaaten um Beistand baten.

Die meisten Städte, Athen eingeschlossen, schickten militärische Delegationen. Sparta, das besorgt war, dass die Athener weitergehende Motive hatten und sich schließlich zur Unterstützung der Heloten gegen Sparta wenden würden, schickte das Athener Kontingent weg. Das machte die Athener wütend. Sie brachen ihre Allianz mit Sparta und bauten ein eigenes Bündnissystem auf. Die Rebellionen wurden schließlich niedergeschlagen und die Überlebenden flohen nach Athen und siedelten dann in der Nähe von Korinth. Der Ort ist von Bedeutung, weil er nahe der einzigen Landbrücke liegt, die Attika mit der Peloponnes verbindet. Der Dritte Messenische Krieg endete 459 v. Chr. und doch sollten schon bald weitere Kriege ausgefochten werden. Kriege, die die gesamte griechische Lebensart bedrohten.

Kapitel 5 – Der Kampf um die Demokratie

Obwohl Griechenland in vielerlei Hinsicht auch außerhalb der Politik reifte, sah es sich bald durch den Krieg mit den Persern in seinem politischen System und seiner Lebensweise bedroht. Die Kriege zwischen den griechischen Stadtstaaten und den Persern (korrekter dem Achämenidischen Reich) gehörten zu den entscheidenden Ereignissen der antiken Welt, denn daran sollte sich entscheiden, ob die Region Griechenland weiterhin unter der Demokratie existieren oder durch eine Autokratie übernommen werden würde. Hätte Persien Griechenland erobert oder unterworfen, wären seine Traditionen und seine demokratische Regierungsform wohl für immer verloren gewesen.

Gegen die Perser zu kämpfen war schwierig. Das Achämenidische Reich erstreckte sich vom Tal des Indus nach Norden bis zum Kaukasus und dem Nordufer des Schwarzen Meeres und nach Westen bis nach Libyen hinein. Auf ihrem Höhepunkt kontrollierten die Perser über fünf Millionen Quadratkilometer Land und hatten eine Bevölkerung von 15 bis 30 Millionen Menschen. Vor dem Konflikt mit den Griechen hatte das Achämenidische Reich das Neubabylonische Reich und das Ägyptische Reich erobert, beides keine leichte Aufgabe. Obwohl sie in der Unterzahl waren, fochten die Griechen einen Defensivkrieg, bei dem sie mit dem sie umgebenden Land und Meer bestens vertraut waren. Diese Vorteile in Verbindung mit dem Mut der Griechen sollten schließlich den Krieg zu ihren Gunsten entscheiden.

Die Kriege begannen nicht direkt in Griechenland, sondern in Kleinasien, entlang der anatolischen Küste, insbesondere in Ionien. Die dortigen Städte wurden von griechischen Siedlern der ionischen Stammesgruppen bevölkert, die viel mit den Menschen aus Athen gemein hatten. Zwölf Städte wurden gegründet: Milet, Myus, Priene, Ephesos, Kolophon, Lebedos, Teos, Klazomenai, Phokäa, Erythrai, die Insel Samos und die Insel Chios. Diese Städte waren kulturell und wirtschaftlich miteinander verbunden, blieben aber politisch unabhängig voneinander und vom griechischen Festland, bis etwa 560 v. Chr. In diesem Jahr wurden die Städte von den Lydern erobert. Etwa um 547 v. Chr. eroberte das Achämenidische Reich Lydien und damit diese griechischen Städte.

Im Gegensatz zu anderen Teilen des Reichs, wo die Perser mithilfe der lokalen Eliten die Region beherrschten, gab es kaum Hilfe in Ionien wegen des demokratischen und unabhängigen Erbes. Das Reich entschied, einzelne Tyrannen zu fördern, die jede dieser Städte regieren sollten, was allerdings nicht besonders gut funktionierte.

Im Jahr 499 v. Chr. schiffte sich der Tyrann Milets, Aristagoras, auf einem Eroberungszug zur Insel Naxos ein. Das erwies sich als katastrophaler Fehlschlag und führte dazu, dass die Perser begannen, Pläne für seine Absetzung zu schmieden. Aristagoras, der nicht abgesetzt werden wollte, brachte das gesamte griechische Anatolien dazu, gegen die Perser zu rebellieren. Das war die ionische Revolte, die bis 493 v. Chr. andauerte.

Die Rebellion war nicht auf das Küstengebiet beschränkt. Sie zog weitere Regionen Kleinasiens in den Konflikt hinein. Aristagoras, der als Ionier kulturelle und religiöse Verbindungen zu Athen hatte, sammelte militärische Unterstützung in Athen und dem nahegelegenen Eretria. Im Jahr 498 v. Chr. brannten die vereinten Truppen von Ionien, Athen und Eretria die persische Regionalhauptstadt Sardis bis auf die Grundmauern nieder. Der persische König, Dareios der Große, kochte vor Wut und schwor Athen, Eretria und Ionien Rache. Die Revolte dauerte bis 494 v. Chr. an, als es den Persern gelang, eine Streitmacht aufzustellen, die groß genug war, um Milet anzugreifen. In der Schlacht von Lade wurden die Ionier zerschmettert und die Rebellion war vorbei. Die letzten Überreste wurden innerhalb eines Jahres zerschlagen.

Um den westlichen Teil Kleinasiens vor weiteren Revolten und vor der Einmischung des griechischen Festlands zu schützen, verfiel König Dareios auf den Plan, Griechenland zu erobern, was zu weiteren Kämpfen zwischen Griechenland und Persien führte. Die erste persische Invasion Griechenlands begann 492 v. Chr., bei der der persische General Mardonius durch das nördliche Thrakien und Makedonien marschierte und diese Regionen eroberte. Er wurde aber durch einen Sturm aufgehalten, der seine Flotte nahe dem Berg Athos zerstörte und seine Nachschublinien lahmlegte. Mardonius wurde bei dem Angriff eines thrakischen Stamms verwundet und war gezwungen, sich nach Kleinasien zurückzuziehen.

Im Jahr 490 v. Chr. schickte König Dareios Emissäre in alle größeren Städte Griechenlands und verlangte deren Unterwerfung, ansonsten drohe ihnen die Zerstörung. Die meisten Städte gaben nach, außer Athen und Sparta, die die Emissäre bei ihrer Ankunft hinrichteten. Eine zweite, größere Armee wurde ausgesandt, die von zwei Kommandeuren befehligt wurde: Datis und Artaphernes. Diese Armee unterwarf die Kykladen (eine Inselgruppe im Zentrum der südlichen Ägäis). Als nächstes marschierte die Armee auf Eretria und belagerte es sechs Tage lang. Die Stadt wurde von zwei Mitgliedern der herrschenden Elite verraten, die den Persern die Stadttore öffneten. Die Armee brannte Eretria nieder und versklavte diejenigen, die nicht getötet wurden. Auf dem Marsch nach Athen wurde die persische Streitmacht entscheidend in der Schlacht von Marathon geschlagen, was Dareios' Ambitionen einen zeitweiligen Riegel vorschob.

Dareios' Wut war größer als je zuvor und er begann, die vollständige Eroberung Griechenlands zu planen. Bevor er seinen Plan ausführen konnte, starb er jedoch 486 v. Chr. Unglücklicherweise starben seine Rachegelüste nicht mit ihm. Sein Sohn Xerxes machte sich persönlich an die Eroberung Griechenlands. 480 v. Chr. führte Xerxes die zweite Invasion Griechenlands mit einer der größten Armeen der antiken Geschichte an. Der Historiker Herodot gab die Größe der persischen Armee mit 2,5 Millionen Soldaten an. Zum Vergleich: Als die Nationalsozialisten die Sowjetunion im Unternehmen Barbarossa überfielen, verfügten sie über etwa 3,8 Millionen Soldaten. Die meisten modernen Historiker halten Herodots Angaben für eine erhebliche Übertreibung und schätzen die Armeestärke auf etwa 250.000 Männer. Wir können persische Berichte über die Invasion nicht zu Rate ziehen, da es keine gibt. Persische Berichte über die Angriffe auf Griechenland existieren nicht.

In der Schlacht bei den Thermopylen kämpften wenige tausend Griechen gegen die persische Armee (darunter die berühmten Unsterblichen – eine bekannte persische Einheit mit ausgezeichnetem Ruf). Die Griechen wurden durch einen Ortskundigen verraten, der den Persern einen Bergpass zeigte, durch den sie die griechische Armee umgehen konnten. Leonidas von Sparta schickte den größten Teil der griechischen Armee weg, blieb aber mit 2.000 Soldaten zurück, um den persischen Vormarsch zu verlangsamen. Der schlussendliche Sieg erlaubte es den Persern, auf Athen zu marschieren, es in Brand zu setzen und den größten Teil von Attika zu überrennen. Die Perser wurden jedoch in der Seeschlacht von Salamis erneut geschlagen, was ihre Nachschublinien lahmlegte. Im nächsten Jahr ging ein vereintes Griechenland in die Offensive, besiegte die Perser endgültig in der Schlacht von Plataiai und beendete die persische Invasion.

Nach dem Erfolg in Plataiai wurden die verbleibenden Teile der persischen Flotte in der Schlacht von Mykale zerstört. Im Norden wurden die persischen Besatzungen der Garnisonen Sestos und Byzantium vertrieben und die Perser über den Bosporus (ein Wasserweg in der heutigen Türkei) zurückgetrieben. Durch die Handlungen des spartanischen Generals Pausanias in Byzantium (er ließ u.a. persische Gefangene, die seine Freunde oder Verwandte von König Xerxes waren, frei) formierte sich die anti-persische Allianz neu unter athenischer Führung.

Diese Gruppe wurde als der Attische Seebund (auch Delisch-Attischer Seebund) bekannt. Er führte den Feldzug gegen Persien für weitere dreißig Jahre fort. In der Schlacht des Eurymedon, in Kleinasien, erreichte der Seebund einen entscheidenden Sieg, der die Freiheit für die ionischen Städte sicherte. Der Seebund, der nicht damit zufrieden war, die Perser direkt zu bekämpfen, half dabei, eine Revolte in Ägypten anzustiften, die für die Ägypter und den Attischen Seebund in einer Katastrophe endete. Als Folge dieses Irrtums wurde der weitere Kampf gegen Persien eingestellt. Die letzten Kämpfe fanden statt, als die Griechen 451 v. Chr. mit geringem Erfolg eine Flotte nach Zypern entsandten.

Diese Serie von Schlachten wurde als die Perserkriege bekannt. Sie dauerten lange und kosteten viele Menschenleben, aber mit dem Sieg der Griechen siegte auch die Demokratie. Die demokratische Lebensart war wieder gesichert, jedenfalls für den Moment.

Kapitel 6 – Der Peloponnesische Krieg

Die Bedrohung durch das Perserreich hatte eine Bedrohung der griechischen Unabhängigkeit und demokratischen Herrschaftsform dargestellt. Der Peloponnesische Krieg stellte gleichermaßen eine Bedrohung für das politische System dar, indem er das Organisationssystem der Polis vernichtete.

In den fünfzig Jahren zwischen den Perserkriegen und dem Peloponnesischen Krieg galten Athen und Sparta unter den griechischen Stadtstaaten als „Erste unter Gleichen". Da die menschliche Natur aber nun einmal ist, wie sie ist, befeuerten Neid, Gier und Furcht schließlich die Rivalität. Thukydides, der Zeitzeuge des Konflikts war und eine meisterhafte Geschichte dieser Zeit schrieb, glaubte, dass die Spartaner den eigentlichen Krieg begonnen hätten. Er nahm an, dass sich Sparta durch die aufblühende Macht Athens in der Falle sah. Athen und Sparta waren beide mächtige Spieler, insbesondere nach dem erfolgreichen Krieg gegen das Perserreich. Zu der Zeit waren sie beide Teil von Bündnissen (lose Allianzen, die von einem dominanten Stadtstaat angeführt wurden). Athen hatte den Attischen Seebund und Sparta den

Peloponnesischen Bund. Unglücklicherweise waren die beiden Bünde der Anfang vom Ende des griechischen Polis-Systems.

Ursprünglich sollte der Attische Seebund die Organisationsstruktur für den Kampf gegen die Perser sein. Athen begann jedoch, die Marine des Bundes für seine eigenen Zwecke zu gebrauchen. Darüber hinaus hatten die kleineren Städte des Bundes ihre traditionelle Form der demokratischen Herrschaft, aber Athen traf die wichtigen Entscheidungen. Das passte den anderen Mitgliedern des Seebundes nicht besonders und entfachte eine Reihe kleinerer Konflikte. Athen hatte die mächtige und wachsende Flotte gemeinsam mit anderen Allianzen zu seiner Verfügung, die es weiter ausbaute für den Fall, dass die Perser zurückkehren sollten.

Der Peloponnesische Bund war eher demokratisch organisiert und verfügte über zwei Versammlungen, wobei jede Mitgliedsstadt eine Stimme in einer der Versammlungen hatte. Sparta verfügte jedoch über den größten Einfluss und war allein in der Lage, alle Städte zusammenzurufen, darüber hinaus mussten alle Städte eine Allianz mit Sparta bilden. Sie konnten auch untereinander Allianzen bilden, aber das war nicht zwingend. Sparta hatte zudem den Vorteil gegenüber den anderen Städten, dass es eine stehende Armee von Hopliten-Infanterie (Bürgersoldaten) unterhalten konnte, die im Gegensatz zu den Truppen anderer Städte keine Landwirtschaft betreiben musste. Darüber hinaus konnte Sparta zusätzlich zweihunderttausend Soldaten (Heloten) von ihren Alliierten und ihrer eigenen Bevölkerung rekrutieren.

Der Krieg zwischen diesen beiden mächtigen Gegnern begann, als Athen sich in einen Konflikt zwischen Megara und Korinth einmischte, die beide Alliierte von Sparta waren. Athen gelang es, eine Allianz mit Megara einzugehen, die dem Attischen Seebund ein Sprungbrett am Isthmus von Korinth verschaffte, mit dem er den Rest der Peloponnes isolieren konnte.

Sparta wurde schon bald in den Konflikt hineingezogen, der sich schnell zu einem größeren Krieg ausweitete. Dieser Krieg ist noch nicht der von vielen so genannte Peloponnesische Krieg, aber er spielte in vielerlei Hinsicht die Rolle, die der Erste Weltkrieg als Vorspiel für den Zweiten Weltkrieg hatte. Es wurde schließlich Frieden geschlossen, aber der Frieden war von kurzer Dauer und die Gemüter schwelten weiter.

Dieser Auftaktkonflikt begann 459 v. Chr. mit dem Krieg zwischen Megara und Korinth und wurde Anfang 445 v. Chr. beendet. Athen war auf den Konflikt nicht vorbereitet und sah sich einer massiven Invasion Spartas in Attika gegenüber, weshalb Athen bereit war, auf Spartas Bedingungen einzugehen, nämlich Gebiete und Alliierte auf dem Festland abzutreten. Sowohl Athen als auch Sparta hatten noch die Kontrolle über ihre Bündnisse. Die friedliche Lösung hatte nur fünfzehn Jahre Bestand.

Die Provokation, die den Peloponnesischen Krieg entzündete, war wieder einmal Athens Beziehung zu Megara. Etwa 432 v. Chr., als Folge weiterer Probleme sowohl mit Korinth als auch mit Megara (das zu dieser Zeit ein Bundesgenosse Spartas war), setzte Athen ein Handelsembargo gegen die Bürger von Megara in Kraft. Das Embargo war verheerend für Megaras Wirtschaft. Auf Bitten von Korinth rief Sparta alle Mitglieder des Peloponnesischen Bundes zusammen, um zu besprechen, was man angesichts der Situation tun sollte. Viele der Stadtstaaten hatten Klagen über Athen - unabhängig von denen, die Megara betrafen - und bei der Abstimmung befand die Mehrheit, dass Athen den Frieden gebrochen habe. Das bedeutete Krieg.

Der Peloponnesische Bund bestand - mit Ausnahme von Korinth - aus Landmächten, die mächtige Armeen stellen konnten. Wie im ersten Konflikt fiel Sparta mit seinen Bundesgenossen in Attika ein und vertrieb die Athener aus den ländlichen Gebieten. Die Athener versuchten klugerweise nicht, Spartas weit überlegene Truppen zu bekämpfen, sondern zogen sich hinter dicke Mauern zurück.

Darüber hinaus hielt Athen immer noch seinen Hafen und wurde durch seine mehr als fähige Flotte unterstützt. Der athenische

Anführer, Perikles, hatte einen Plan: Die Flotte sollte mehr Nahrung und Material nach Athen schaffen, gleichzeitig sollte sie ausgeschickt werden, um die an der Küste gelegenen Bundesgenossen zu stabilisieren und Infiltrationen aus Sparta und seinen Bundesgenossen zu verhindern. Kämpfe zu Land sollten um jeden Preis vermieden werden.

Sparta verließ sich auf die Strategie, Korn zu stehlen und alles zu verbrennen, was sie nicht tragen konnten. Während sie das zwar satt machte, gelang es ihnen jedoch nicht, die athenische Armee herauszulocken oder die Stadt zur Kapitulation zu zwingen. Ein Ausbruch der Pest in der Stadt, die Perikles und ein Viertel der Bevölkerung tötete, ließ schließlich das Gleichgewicht zugunsten Spartas kippen. Dadurch erhielten die Spartaner die Oberhand in dieser Auseinandersetzung.

Aber trotz Tod und Epidemie in dieser Schlacht, blieben die Athener unbeirrt. Durch die Weigerung, zu kapitulieren, suchten beide Seiten nach weiteren Zielen in der Ägäis, in Kleinasien und Sizilien. Sparta versuchte, Mitglieder des Attischen Seebunds zum Seitenwechsel zu bewegen, und Athen säte Zwietracht unter den spartanischen Heloten.

In den folgenden Konflikten nutzte Athen die Hopliten (Bürgersoldaten) seiner Bundesgenossen in Marineoperationen, während Sparta eine Flotte aufbaute. Während des Peloponnesischen Kriegs gab es nur eine Handvoll Schlachten zwischen großen Armeen. Das stellte einen Unterschied zu der Art und Weise dar, wie Kriege zuvor ausgefochten wurden, und führte zwar zu großen Verwüstungen, aber keiner echten Wendung des allgemeinen Kriegsverlaufs.

Die athenische Strategie führte zu einigen Siegen, vornehmlich zur Eroberung von Pylos 425 v. Chr. Die Spartaner, die die Stadt verteidigten, wurden gefangen genommen und es kam zu einem kurzen Aufstand der Heloten. Athen gab sich nicht damit zufrieden, lediglich seine Feinde gefangen zu nehmen, sondern begann auch, neutrale Städte in der Ägäis anzugreifen. Das war nicht die letzte unkluge Idee, die die Athener hatten, denn sie nahmen auch eine Expedition nach Sizilien in Angriff, um einem ihrer Bundesgenossen gegen einen von Spartas Bundesgenossen beizustehen. In der Folge starben mehr als vierzigtausend Athener auf den Feldern von Sizilien, tausend Meilen von Athen entfernt.

Sparta richtete eine dauerhafte Operationsbasis in Dekeleia in Attika ein. Dadurch sollten Athens Bundesgenossen weiter destabilisiert werden, indem Desertionen gefördert und die Wirtschaft gestört wurden. Nach der schrecklichen Pest und dem verheerenden Vorstoß auf Sizilien war Athen nicht mehr in der Lage, seine Verluste wettzumachen, und fand sich sowohl mit seiner Armee als auch seiner Flotte regelmäßig in der Unterzahl. Persien, das eine Gelegenheit witterte, seinen Gegnern Verluste zuzufügen, unterstützte Sparta und dessen Bundesgenossen.

Die Athener wurden schließlich in einer Seeschlacht vor Aegospotami geschlagen. Sparta hatte gesiegt. Die langen Mauern, Athens Lebenslinien, die die Stadt mit ihrem Hafen verbanden, wurden niedergebrannt. Eine spartanische Streitmacht besetzte jetzt die Stadt.

Dreißig Jahre Krieg in der Ägäis, Attika, der Peloponnes und Sizilien ließen Athen verarmt, demoralisiert und erschöpft zurück. Es war jedoch ein trauriges Ergebnis für beide Seiten. Sparta und seine Bundesgenossen waren nicht in der Lage, eine langandauernde Herrschaft über ganz Griechenland auszuüben.

Der Peloponnesische Krieg hatte das Polis-System zum Ende gebracht. Es hatte auch die Armeen von der traditionellen Art des Krieges abgebracht, in der Bauernsoldaten ihre Zeit zwischen dem Schlachtfeld und dem Weizenfeld aufteilten. Jetzt bedeutete die Kriegsführung breit angelegte Konflikte, die Landungen von See aus einschlossen, lange Belagerungen und die Strategie der verbrannten Erde. Griechenland war verwundet und schon bald sollte ein Eindringling aus dem Norden wieder einmal alles verändern.

Kapitel 7 – Auftritt von Alexander dem Großen

Nördlich des eigentlichen antiken Griechenlands lag das griechische Königreich Makedonien. Dort herrschte Philip II. als König. Er nahm sich des verwundeten Griechenlands an und versuchte, es durch Politik und Gewalt wiederherzustellen.

Im Jahr 356 v. Chr. bekam Philip II. einen Sohn: Alexander. Legenden umranken seine Geburt. Berichten zufolge soll seine Mutter vor ihrer Schwangerschaft geträumt haben, dass ihre Gebärmutter von einem Blitz getroffen wird. Sein Vater träumte, er habe ihre Gebärmutter mit einem Siegel, das das Bild eines Löwen trägt, versiegelt. Einige glaubten, dass der griechische Gott Zeus Alexanders Vater ist.

Später wurde behauptet, dass Philips Armee am Tag von Alexanders Geburt eine Schlacht gewann, dass seine Pferde bei den Olympischen Spielen gewannen und dass der Tempel der Artemis brannte. Einige glaubten, der Tempel brannte, weil Artemis nicht anwesend war, um Alexanders Geburt beizuwohnen. Historiker glauben, dass diese Legenden in die Welt gesetzt wurden, um die Bewohner Makedoniens glauben zu lassen, dass Alexander übermenschlich und von Geburt an zur Größe berufen war.

Als Jugendlicher wurde Alexander von einem Kindermädchen aufgezogen und unterrichtet. Er lernte Lesen, Reiten, Jagen und das Lautenspiel. Im Teenageralter suchte sein Vater ihm einen Tutor für weitergehende Studien. Es wurde arrangiert, dass Aristoteles Alexander gemeinsam mit den Kindern anderer makedonischer Adliger unterrichtet. Viele seiner Mitstudenten wurden seine Freunde und später seine Generäle. Gemeinsam widmeten sie sich einer Vielzahl von Themen.

Mit 16 Jahren begann Alexander, sich aus seinem Studentendasein in die Position des Regenten und Thronfolgers zu bewegen. Er führte das Reich, während sein Vater die Truppen auf dem Schlachtfeld führte. Alexander reagierte schnell auf Bedrohungen an der Heimatfront. Er kolonisierte ein Gebiet und nannte es Alexandropolis. In ihrer Zusammenarbeit wurden sie immer stärker in griechische Angelegenheiten involviert. Sie waren ein eindrucksvolles Team. Schon bald gründeten sie den „Bund der Hellenen", der außer Sparta die meisten griechischen Stadtstaaten umfasste. Philip wurde zum „Obersten Befehlshaber" seines neuen Bundes ernannt, der von heutigen Forschern der „Korinthische Bund" genannt wird.

Philip fasste bald Pläne, seinen Machtbereich zu erweitern, indem er das Persische Reich angriff. Aber die Liebe brachte ihn von seinen Plänen ab. Er ging eine neue Ehe ein. Die Beziehung stellte eine Bedrohung für Alexander dar. Alle Kinder aus dieser Ehe hätten Alexanders Vorrecht als Philips Erbe gefährdet. Die Situation wuchs sich zu einer Fehde zwischen Vater und Sohn aus. Berichte legen nahe, dass Philip sogar einmal versucht haben soll, Alexander anzugreifen. Kurz darauf floh Alexander mit seiner Mutter aus Makedonien. Er suchte Zuflucht. Nach einer Weile erfuhr er, dass Philip nicht beabsichtigte, ihn zu enterben. Er kehrte nach Makedonien zurück, aber die Spannungen zwischen ihnen blieben, insbesondere hinsichtlich der Heiratsarrangements.

Im Jahr 336 v. Chr. wurde Philip vom Hauptmann seiner Leibwache ermordet. Als Philip II. starb, stieg Alexander sofort auf den Thron. Mit etwa zwanzig Jahren verfügte Alexander jetzt über sein eigenes Königreich und eine große Armee. Alexander konsolidierte seine Macht und sicherte seine Herrschaft, indem er potentielle Rivalen eliminierte. Er befahl den Tod mehrerer Personen, die seine Herrschaft hätten in Frage stellen können. Einige Stadtstaaten begannen, gegen Alexanders Herrschaft zu revoltieren, aber er löste das Problem schnell auf diplomatische Weise. Er nahm wie sein Vater den Titel Hegemon (Führer) an.

Als Alexander die Führungsrolle über Griechenland bekam, nutzte er seine Position, um seinen Herrschaftsbereich und die Grenzen seiner Herrschaft zu erweitern. Er entschied schnell, den Plan seines Vaters, das Persische Reich zu erobern, wieder aufzunehmen. 334 v. Chr. fiel er in das Persische Reich ein. Berichte zeigen, dass er seine Absicht, das Land in Besitz zu nehmen, dadurch ankündigte, dass er einen Speer in den Boden rammte und erklärte, dass er dieses Territorium als ein Geschenk der Götter akzeptiere.

Das war der Beginn einer Reihe von Feldzügen, die etwa zehn Jahre dauerten. Er eroberte die antiken Territorien der Levante, Syriens, Ägyptens, Assyriens und Babyloniens. Als er in Persien ankam, erstürmte er die persischen Tore. Er zog direkt zur Hauptstadt Persepolis, wo seine Truppen die Stadt plünderten. Er blieb fünf Monate dort. Dann brach ein Feuer in der Stadt aus, das nicht unter Kontrolle zu bringen war. Historiker liefern unterschiedliche Berichte über Alexanders Reaktion auf den Verlust. Einige sagen, er bedauerte ihn.

Da er wenig Grund hatte, in Persepolis zu bleiben, zog Alexander weiter nach Medien und Parthien. Er beanspruchte weitere Länder und berichtete, die gefallenen Führer hätten ihn zum Nachfolger auf dem Achämenidischen Thron gemacht. Auf seinem Zug durch Asien gründete Alexander einige Städte, die seinen Namen oder eine Variation seines Namens trugen. Während er so seine Spuren hinterließ, nahm er auch Elemente der persischen Kleidung und Gebräuche an.

Ein Brauch, den Alexander annahm, war die Proskynese, eine Ehrerbietung gegenüber der Autorität, die aus einem symbolischen Handkuss oder der Niederwerfung auf den Boden bestand. Die Griechen hassten diese Praxis, weil sie glaubten, dass Alexander sich selbst vergöttlichen wollte. Einige Gefolgsleute begannen den Respekt ihm gegenüber zu verlieren und verließen ihn sogar. Einige Männer erdachten einen Plan, um ihn zu ermorden. Als der Plan enthüllt wurde, ließ Alexander mehrere Verschwörer töten und ermordete einige eigenhändig. Ein weiterer Mordversuch wurde enthüllt und endete mit Folter und Tod für die verhinderten Mörder.

Als Alexander seinen Eroberungszug in Asien fortsetzte, überließ er anderen die Verantwortung für Makedonien. Er zerstörte Theben, um Griechenland während seiner Abwesenheit ruhig zu halten. Alexanders Generäle hielten andere Erhebungen unter Kontrolle. Während seiner Eroberungszüge in Asien erlebte Griechenland größtenteils eine Periode des Friedens und Wohlstands. Er schickte oft Geld und Kriegsbeute zurück, die die Wirtschaft Griechenlands stärkten. Die Eroberungen erhöhten auch die Reichweite des Handels im gesamten Reich.

Jeder Sieg trug zur Erweiterung von Alexanders Reich bei. Sein Hunger nach mehr Macht und Territorien führte ihn zur Invasion Indiens mit vielen weiteren Feldzügen und Schlachten. Schließlich waren seine Armeen erschöpft und sie weigerten sich, noch weiter nach Osten zu ziehen. Alexander stimmte zu, nach Makedonien zurückzukehren. Auf dem Weg dorthin gab es weitere Kämpfe und Eroberungen. Viele Männer starben auf dem anstrengenden Marsch.

Als er nach Makedonien zurückkehrte, stellte er fest, dass die von ihm eingesetzten Anführer nicht immer in seinem Sinne gehandelt hatten. Er war enttäuscht von ihren Taten und ließ einige hinrichten. Während sie sich auf dem Marsch befanden, gewährte Alexander alten und verletzten Soldaten den Abschied aus der Armee. Sie missverstanden ihn jedoch und meuterten. Sie weigerten sich, nach Hause geschickt zu werden und kritisierten seine Handlungen. Alexander zog die persische Führung hinzu und seine Truppen wollten den Disput schnell lösen. Er stimmte zu und hielt ein großes Bankett, um die Beziehungen zwischen seinen verschiedenen Truppenteilen zu verbessern. Dann zog er mit seinen Truppen weiter.

Auf dem Marsch erreichten Alexander weitere Informationen über enttäuschende Handlungen seiner zurückgelassenen Anführer. Ein enger Freund, Hephästion, starb bald darauf. Historiker nehmen an, dass sein Tod das Ergebnis einer Vergiftung war. Sie glauben auch, dass Hephästion Alexanders Liebhaber gewesen sein könnte. Er war angesichts des Todes am Boden zerstört und ordnete öffentliche Trauer an.

Immer auf der Suche nach der nächsten Eroberung schmiedete Alexander Pläne, in Arabien einzufallen. Die Pläne lagen bereit, aber wie sein Vater starb er, bevor er sie in die Tat umsetzen konnte. Am 10. oder 11. Juni 323 v. Chr. starb Alexander im Alter von 32 Jahren im Palast Nebukadnezars II. in Babylon. Die Historiker sind sich über die Todesursachen uneinig. Einige Berichte legen nahe, dass er sich ein Fieber zuzog, das sich verschlimmerte, bis er daran starb. Andere Berichte sagen, dass er eine Schale ungemischten Weins trank, krank wurde und elf Tage später daran starb. Einige Berichte deuten an, dass er vergiftet worden sei. Heutige Historiker debattieren weiter darüber, ob er vergiftet wurde oder an einer Krankheit starb.

Alexander wurde in einen goldenen, mit Honig gefüllten Sarkophag gelegt. Ein Seher hatte vorausgesagt, dass der Ort, an dem Alexander begraben wird, zu Wohlstand kommen würde. Verschiedene Gruppen stritten darum, wo Alexander begraben werden sollte, einige versuchten sogar, den Sarkophag zu stehlen. Später wurde der goldene Sarkophag durch einen gläsernen ersetzt, so dass das Gold für Münzen genutzt werden konnte. Berichten zufolge sollen Besucher des Grabes Grabbeigaben daraus gestohlen haben. So soll z.B. Caligula Alexanders Brustpanzer zum eigenen

Gebrauch genommen haben. Schließlich wurde das Grab für die Öffentlichkeit geschlossen. Mit der Zeit ging das Wissen um seinen Begräbnisort und seine Gebeine verloren.

Nach Alexanders Tod war unklar, wer sein Erbe sein würde. Es gab unterschiedliche Berichte darüber, ob er einen Erben benannt hatte und wenn ja, wen. Mehrere Staaten wurden von seinen überlebenden Erben und Generälen beherrscht. Einige versuchten, die Ordnung aufrecht zu erhalten, aber es kam zu Streitigkeiten und weiteren Morden. Machtansprüche und Bürgerkriege ließen Alexanders Reich bald auseinanderbrechen. Schließlich ließ der Mangel an eindeutiger Führung Makedonien zusammenbrechen. Die hellenistische Welt teilte sich in mehrere Teile auf: das Ägypten der Ptolemaier, das Mesopotamien und Zentralasien der Seleukiden, das Anatolien der Attaliden und das Makedonien der Antigoniden.

Zusätzlich zum Mangel an Führung hatte Alexanders Bedarf an Truppen während seiner Eroberungszüge die makedonischen Ressourcen an Soldaten erschöpft. Die geteilte und geschwächte Region war nicht mehr in der Lage, sich gegen spätere Angriffe zu verteidigen. Schließlich wurde Makedonien (zusammen mit Griechenland) durch Rom unterworfen.

Trotz seines Todes und des Auseinanderfalls seines Reichs hinterließ Alexander Spuren in Teilen der Welt. Seine Eroberungen verbreiteten die griechische Kultur und führten zu Verschmelzungen mit den Gebräuchen entfernter Orte. Dieser Einfluss führte zu einer Periode, die man die Hellenistische Zeit nannte. Alexander besiedelte viele Kolonien, die eine hervorragende hellenistische Zivilisation aufwiesen, und dieser Einfluss blieb über viele Jahre nach seinem Tod erhalten.

Alles in allem machten seine Taten Alexander als einen legendären Helden berühmt. In der Antike versuchten andere, ihm nachzueifern. Etwa zwanzig Städte, wie z.B. Alexandria und Nikaia (im heutigen Punjab, Pakistan), tragen seine Namen und er spielt eine herausragende Rolle in der griechischen Geschichte und in griechischen Mythen. Darüber hinaus machte sein unglaublicher militärischer Erfolg ihn zum Maßstab für andere militärische Führer. Daher lebten seine Militärtaktiken lange nach seinem Tod weiter.

Aufgrund seiner Wirkung und seines Erfolgs wurde er als Alexander der Große bekannt. Sein Einfluss auf die griechische Geschichte war in der Tat bedeutend. Er wird als eine der einflussreichsten Personen der Weltgeschichte betrachtet. Aber Alexander der Große war nicht die einzige bedeutende griechische Person, die einen großen Einfluss auf die griechische Geschichte hatte und Eindruck in der restlichen Welt hinterließ.

Kapitel 8 – Große Geister des antiken Griechenlands

Inmitten der Kriege um sie herum zogen es einige Griechen vor, weder Könige noch Kämpfer zu werden. Stattdessen nutzten sie ihren Geist, um die griechische Kultur voranzubringen, Entdeckungen zu machen und Werke zu verfassen, die heute noch von Bedeutung sind.

In der Welt der Literatur und des Theaters schufen griechische Dichter und Dramatiker bedeutende Werke. Einer von ihnen, Aischylos, wird als der „Vater der Tragödie" angesehen, weil seine Stücke im Wesentlichen den Beginn dieser Literaturgattung darstellen. Aischylos veränderte die Art und Weise, wie Stücke konstruiert waren. Er schrieb Stücke mit mehr Charakteren, die komplexere Konflikte ermöglichten. Leider haben nur sieben seiner Stücke überlebt, obwohl die Quellen darauf schließen lassen, dass er etwa 90 Stücke geschrieben hat. Und auch bei diesen sieben ist es nicht unumstritten, ob Aischylos oder ein anderer Autor sie schrieb.

Andere gefeierte Dramatiker der Zeit waren Sophokles und Euripides. Beide schrieben auch Tragödien. Berichten zufolge verfasste Sophokles mindestens 120 Stücke, aber wie bei Aischylos überlebten nur sieben. Sein Stil beinhaltete noch besser herausgearbeitete Charaktere. Euripides schrieb wahrscheinlich 92 Stücke. Wie bei seinen Kollegen überlebten nur einige und deren Autorenschaft ist nicht eindeutig. Euripides genoss zu seiner Zeit etwas mehr Popularität und nutzte seine Position, um Innovationen im Theater voranzutreiben. Er begann zum Beispiel, mythische Helden als gewöhnliche Menschen zu zeigen. Das erlaubte ihm, das Innenleben und die Motive seiner Figuren genauer zu ergründen. Es ermöglichte auch mehr Romantik und Komödie, was die Spanne der dramatischen Genres erweiterte und das Theater komplexer machte.

In der verwandten Welt der Dichtkunst schrieben viele Dichter im antiken Griechenland großartige Werke. Der vielleicht berühmteste unter ihnen war Pindar. Er wurde als der „bei weitem Größte hinsichtlich seiner Inspiration, der Schönheit seiner Gedanken und Charaktere, der Überschwänglichkeit seiner Sprache und Gegenstände und seiner rauschenden Flut an Beredsamkeit" angesehen. Heute mag seine Dichtung modernen Lesern seltsam anmuten, aber sie war für ihre Zeit charakteristisch.

In der Welt der Kunst schufen Künstler großartige Werke. Der renommierteste unter ihnen war vielleicht Phidias. Er war Maler, Bildhauer und Architekt, der die klassische griechische Formensprache weiterentwickelte. Die Legende berichtet von einer großen Zeusstatue, die er in Olympia anfertigte. Sie ist als eines der sieben Weltwunder der antiken Welt bekannt. Er hinterließ seine Spuren auch an der Athener Akropolis in Form seiner Skulpturen der Göttin Athene. Unglücklicherweise wurden viele seiner Werke zerstört oder gingen verloren. Heute kann man sie am besten anhand von Repliken studieren und mithilfe der Ausgrabung seiner Werkstatt, bei der die Gussformen für seine Bronzestatuen gefunden wurden.

Die griechischen Mathematiker blicken ebenfalls auf eine lange Erfolgsgeschichte zurück. Einen ersten Eindruck in dieser Tradition hinterließ Euklid von Alexandria. Er wird als der Begründer der

Geometrie betrachtet. Er schrieb das Lehrbuch *Elemente*, das noch bis zum 20. Jahrhundert benutzt wurde.

Archimedes war nicht nur Mathematiker, sondern auch Astronom, Physiker, Ingenieur und Erfinder. Einige halten ihn für den größten Mathematiker aller Zeiten. Er entwickelte viele geometrische Theoreme zur Berechnung von Oberflächen, der Kreisfläche und dem Inhalt der Kugel. Er entwickelte auch eine genaue Annäherung an die Zahl Pi. Er begann damit, die Mathematik auf Phänomene der physischen Welt anzuwenden. Sein Verständnis der Mathematik erlaubte es ihm, Werkzeuge und Maschinen zu erfinden.

Die griechische Philosophie hat eine lange Geschichte, die bis zu Thales von Milet zurückreicht, der 546 v. Chr. starb. Er war vielleicht der erste Philosoph und viele erachten ihn als den ersten, der die wissenschaftliche Philosophie nutzte. Das heißt, er wandte sich von der Tradition ab, die Mythologie zur Erklärung der Welt heranzuziehen und untersuchte stattdessen Objekte und Phänomene mithilfe von Theorien und Hypothesen. Dadurch war er in der Lage zu erkennen, dass Wasser eine lebenswichtige Substanz ist, die in der Natur eine große Rolle spielt.

Der Philosoph Leukippos führte das Studium der Natur im fünften Jahrhundert v. Chr. fort. Er war der erste, der glaubte, dass alles aus unsichtbaren Elementen besteht – ein Konzept, das wir heute als Atome kennen. Die meisten Menschen sind mit den griechischen Philosophen Aristoteles, Sokrates und Platon vertraut. Sie alle schrieben über viele Themen und gemeinsam hatten ihre philosophischen Studien bedeutenden Einfluss auf das moderne philosophische Gedankengut. Platon im Besonderen gründete die Akademie in Athen, die erste Institution der westlichen Welt für höhere Bildung.

Hippokrates brachte das Feld der Medizin im antiken Griechenland voran. Sein Werk brachte ihm den Titel „Vater der Medizin" ein. Er gründete die hippokratische Schule der Medizin und begründete sie als Disziplin und Beruf. Er vermehrte das medizinische Wissen und schrieb den Ärzten des antiken Griechenlands geeignete Behandlungspraktiken vor. Vieles, was er tat, trug dazu bei, das Feld der heutigen Medizin zu formen. So leisten heutige Mediziner beispielsweise den Hippokratischen Eid, den er verfasst haben soll.

Schließlich ist es das Werk des griechischen Historikers Herodot, das uns viel von der griechischen Geschichte überliefert hat. Er war ein Zeitgenosse anderer großer Geister wie Euripides und Sokrates. Herodot wird als der „Vater der Geschichte" betrachtet und war Vorreiter einer neuen Art, die Geschichte aufzuzeichnen. Er untersuchte Ereignisse systematisch und schrieb dann eine geschichtswissenschaftliche Erzählung. Er schrieb die *Historien*, um die Anfänge der griechisch-persischen Kriege zu dokumentieren. Das Werk hatte beinahe einen biographischen Ton, da es das Leben bedeutender Personen aufzeichnete. Er berichtete auch über die Umstände besonderer Schlachten.

Kapitel 9 – Die römische Übernahme

Das antike Griechenland war eine Region, in der fast permanent innerhalb der griechischen Grenzen und in den umliegenden Territorien Krieg geführt wurde. Einige Kriege bedeuteten, dass sich Grenzlinien und Machtverhältnisse verschoben, und einige von ihnen führten zu einer Unterbrechung der griechischen Unabhängigkeit.

Genauer gesagt befand sich das antike Griechenland für viele Jahre unter der Herrschaft des Römischen Reichs. Die Eroberung Griechenlands durch die Römische Republik geschah nicht auf einen Schlag, sondern vollzog sich in kleinen, aber stetigen Kriegen und Disputen um Territorien und Macht. Dies führte zu einem langsamen Aderlass der griechischen und makedonischen Autonomie. Jeder Krieg und jeder Machtkampf war in seiner Reichweite begrenzt und resultierte in wenigen territorialen Veränderungen, aber sie häuften sich an. Am Ende des Prozesses beherrschte die Römische Republik Griechenland und die hellenistischen Teile Kleinasiens und der Levante.

Der Niedergang Griechenlands und Makedoniens begann jedoch Jahre früher, ganz unabhängig von römischem Einfluss. Die Herausforderungen begannen nach dem Tod Alexander des Großen.

Sein Reich wurde in eine Handvoll Nachfolgereiche aufgeteilt und jedes wurde von einem seiner Generäle geführt. Um die Zeit, als Roms Einmischung begann, bestanden nur noch drei dieser Reiche: das Ägypten der Ptolemaier, das Königreich Makedonien und das Reich der Seleukiden.

Das Ägypten der Ptolemaier umfasste Ägypten sowie kleine Teile des heutigen Mittleren Ostens und das im Westen angrenzende Karthago. Das Königreich Makedonien war der kleinste der Nachfolgestaaten und umfasste nur Makedonien im nördlichen Griechenland, das südliche Thrakien und kleine Teile Kleinasiens. Das Reich der Seleukiden umfasste Kleinasien, die Levante und den größten Teil des heutigen Iraks. Markant war auch der Aufstieg des Partherreichs, das den Iran und Teile des Iraks umfasste und fast bis zum Indus reichte.

Der Krieg zwischen der Römischen Republik und Makedonien begann nicht als Konflikt zwischen den beiden Staaten, sondern als Teil eines größeren katastrophalen Kriegs. Im Jahr 218 v. Chr. erklärte die Römische Republik Karthago den Krieg, nachdem die Karthager die Stadt Saguntum (ein römischer Bundesgenosse) erobert hatten. Dies war nicht der erste Krieg zwischen Rom und Karthago und es sollte auch nicht der letzte sein.

Nach der ungewöhnlich brutalen und vernichtenden Schlacht von Cannae im Zweiten Punischen Krieg glaubte Philip V. von Makedonien, seine Herrschaft auf Kosten Roms ausdehnen zu können. Aus diesem Grund trat Makedonien auf Seiten Karthagos in den Krieg ein, mit dem Ziel, letztendlich sein Territorium zu vergrößern. Dieser Plan ging jedoch nicht auf und 214 v. Chr. begann Makedonien den Ersten Makedonisch-Römischen Krieg.

Ein Angriff auf Oricum in Illyrien war Makedoniens erste Kriegshandlung. Rom hatte bereits befürchtet, dass Makedonien in den Krieg eintreten und Italien Probleme bereiten würde, und so wurden eine einzelne Legion und eine kleine Flotte für die Verteidigung vorbereitet. Der römische Kommandeur der Legion war

Marcus Valerius Laevinus. Als er die Nachricht erhielt, dass Oricum gefallen war, setzte er rasch die Flotte und die Legion in Bewegung, um es zurückzuerobern. Dann befahl er einem Unterkommandeur, mit zweitausend Mann das belagerte Appolonia zu befreien. Sie schlichen sich im Schutz der Nacht in die Stadt und stürmten am Morgen aus den Toren, griffen die unvorbereiteten Makedonier an und schlugen sie in die Flucht. Es war ein offensichtlicher Sieg für Rom.

Aber schon bald wandte sich das Geschehen gegen die römischen Bundesgenossen, da Makedonien weitere illyrische Städte eroberte: Atintania, Dimallum und Lissus, das Philip Zugang zur Adria bot. Makedoniens Flotte war zerstört worden oder anderswo von den Römern in eine Falle gelockt worden, so dass sie sich für den Transport von Truppen auf die italienische Halbinsel auf Karthago verlassen mussten.

Im Sommer des Jahres 211 v. Chr. inszenierten Rom und seine Bundesgenossen (einschließlich Griechenland und alle Makedonien Feindlichgesonnenen) einen Ausbruch und eroberten mehrere Städte und Regionen. Darüber hinaus hatten Rom und seine Verbündeten einen Handel abgeschlossen. Rom sollte den Großteil des Seetransports und der Vorherrschaft auf See stellen, während die Griechen die Kämpfe an Land führten. Rom sollte die Sklaven bekommen und die Griechen das Territorium.

Philip V. von Makedonien stellte bald fest, dass seine Truppen nicht ausreichten, um die Hilfsgesuche von so vielen Orten in so großer Entfernung zu befriedigen: der Achäische Bund auf der Peloponnes, Phocis Antikyra, Ägina und Bundesgenossen in Kleinasien. Im Jahr 210 v. Chr. liefen die Dinge für Rom so gut, dass Laevinus nach seiner Rückkehr nach Rom, wo er sein Konsulat antrat, berichten konnte, dass die römische Legion zurückgezogen werden konnte. Es wurde entschieden, dass nur noch die Flotte vor Ort bleiben würde, um die Unterstützung der griechischen Verbündeten zu gewährleisten.

In einer letzten Anstrengung fiel Philip im Süden Griechenlands ein, wo er in den beiden Schlachten von Lamia auf die Truppen Ätoliens, Spartas und Pergamons traf. Beide Schlachten führten zwar zu makedonischen Siegen, aber mit hohen Kosten, da die Ätolier, Spartaner und Pergamener sich lediglich in gut befestigte Städte zurückzogen.

In den nächsten fünf Jahren der Feindseligkeiten kam es immer wieder zu Eroberungen und Rückeroberungen von Städten und Regionen. 205 v. Chr. mischten sich die Römer erneut ein, mit zehntausend Mann landeten sie in Illyrien. Dieser Zug, zusammen mit dem Kriegseintritt Bythiniens auf makedonischer Seite und separaten Friedensschlüssen einiger griechischer Stadtstaaten mit Makedonien, verhieß, dass ein entscheidender Ausgang unwahrscheinlich sein würde. Schließlich wurde ein Friedensvertrag unterzeichnet, der Philip Illyrien überließ, ihn aber zwang, sein Bündnis mit Karthago aufzukündigen. Rom, dessen Ostgrenzen jetzt gesichert waren und dessen Bundesgenossen in Griechenland schwanden, war zufrieden, auch wenn während des Dritten Punischen Kriegs, den Rom gewann, die Feindseligkeiten wieder aufbrachen.

Der Krieg fand seine Fortsetzung im Zweiten Makedonisch-Römischen Krieg, der für Griechenland von Bedeutung war. Wie andere zuvor, begann dieser Krieg wegen eines entfernten Konflikts. Im hellenischen Ägypten war König Ptolemaios IV. 204 v. Chr. gestorben und sein sechsjähriger Sohn, Ptolemaios V. bestieg den Thron, während das Reich durch Regenten geführt wurde. Während dieses Machtwechsels und der Übergangsperiode brachen alte Konfliktlinien innerhalb der ägyptischen Gesellschaft wieder auf und führten zu einem Bürgerkrieg zwischen Unter- und Oberägypten.

Philip V., immer noch Herrscher in Makedonien, und Antiochos der Große, Herrscher des Seleukidenreichs, versuchten beide, ihre Herrschaftsgebiete während des ägyptischen Chaos zu erweitern. Philip fiel in Thrakien und Kleinasien ein und eroberte Kios, Milet und weitere unabhängige Städte. Diese territoriale Expansion löste bei einigen Regionalmächten Befürchtungen aus, insbesondere bei den Bürgern und Herrschern von Rhodos und dem Königreich Pergamon.

König Attalos I. von Pergamon und Rhodos (Territorien in Griechenland) schickten Rom eine verzweifelte Bitte um Beistand. Der römische Senat sandte ein kleines Kontingent von Botschaftern nach Athen, um sich die griechischen Sorgen anzuhören. Athen hatte Makedonien kurz zuvor den Krieg erklärt und Philip hatte mit der Entsendung einer Armee von mehreren tausend Mann nach Attika (das Gebiet um Athen herum) geantwortet.

Die römischen Botschafter trafen sich auch mit dem makedonischen General, der die Invasionsstreitmacht befehligte. Sie übermittelten ein Ultimatum und forderten ihn auf, sich aus der Umgebung Athens zurückzuziehen und die anderen griechischen Stadtstaaten in Ruhe zu lassen. Der makedonische General zog sich zurück, aber dann wies Philip das Ultimatum zurück und begann die Invasion erneut, indem er die Stadt Abydos in der Nähe der Dardanellen belagerte.

Im Jahr 200 v. Chr. stellte Rom den Makedoniern ein zweites Ultimatum mit der Forderung, dass Philip seine Angriffe gegen griechische und ptolemäische Städte beenden und in Verhandlungen mit Rhodos und dem Königreich Pergamon eintreten soll. Philip wies das Ultimatum erneut zurück. Rom antwortete mit der Entsendung einer Legion nach Illyrien.

Die römische Intervention misslang gänzlich. Der erste Befehlshaber, Publius Sulpicius Galba, war als taktischer und strategischer Kommandeur ungeeignet. Sein Nachfolger, Publius Villius, musste sich mit einer Rebellion innerhalb seiner Truppen auseinandersetzen. Erst Titus Quinctius Flaminius war der Kommandeur, den Rom und Griechenland brauchten. Vor seiner Ernennung lautete das Ultimatum, dass Makedonien die Angriffe auf die griechischen Stadtstaaten im Süden einstellen soll, aber Flaminius änderte es und forderte, dass Philip alle griechischen und ptolemäischen Eroberungen aufgeben und sich auf Makedonien beschränken soll, um Freiheit für die Griechen zu ermöglichen. Diese Änderung der Zielrichtung gewann viele Verbündete unter den Stadtstaaten, so dass Flaminius in der Lage war, die Makedonier aus Attika zurück nach Thessalien zu treiben.

Philip bat um Frieden, aber Flaminius befand sich in einer unsicheren politischen Situation, die verhinderte, dass er ihn gewährte. Die römischen Wahlen standen vor der Tür und Flaminius benötigte Unterstützung für einen schnellen Krieg in Griechenland. Er wusste nicht, ob man ihn nach Rom zurückbeordern oder ob sein Kommando verlängert werden würde. Er entschied, dass er, falls er zurückgerufen würde, Frieden mit Makedonien schließen würde. Falls sein Kommando jedoch verlängert würde, wollte er den Krieg fortsetzen. Nach vielem Warten und Hinhalten erhielt Flaminius gute Nachrichten: Sein Kommando wurde verlängert und seine Verbündeten im Senat stimmten dafür, den Krieg fortzusetzen.

Als diese Nachrichten Griechenland erreichten, fielen die meisten griechischen Verbündeten von Philip ab und ihm blieb keine andere Möglichkeit, als Söldner anzuheuern, um den Kampf fortzusetzen. Im Juni des Jahres 197 v. Chr. wurden Philip und seine Söldner in der Schlacht von Kynoskephalai vernichtend geschlagen. Er bat wiederum um Frieden zu Roms Bedingungen. Philip gab schließlich alle Eroberungen in Griechenland, Thrakien und Kleinasien auf. Makedonien musste zudem Rom und seinen Verbündeten eine Kriegsentschädigung zahlen und seine Flotte übergeben. Rom stationierte Truppenkontingente in Korinth, Chalkis und Demetrias, die bis 194 v. Chr. blieben.

Als der Zweite Makedonisch-Römische Krieg zu Ende ging, versuchte der Herrscher des Seleukidenreichs, Antiochos der Große, die Herrschaft über Griechenland und Ägypten zu erlangen. Sein Ratgeber in militärischen Fragen war der karthagische General Hannibal Barca, der Rom gern völlig zerstört gesehen hätte. Antiochos entschied sich für einen strategischen Weg, die wachsende antirömische Stimmung zu schüren. Er hoffte, Römer und Griechen würden sich gegenseitig bekämpfen und ihm die Übernahme beider Staaten vereinfachen.

Im Jahr 191 v. Chr. entschied Antiochos, den Krieg zu forcieren. Er führte eine Armee über die Dardanellen. Als Antwort schickte Rom eine Armee unter dem Kommando von Manius Acilius Glabrio, um Antiochos und seine Verbündeten in der Schlacht bei den Thermopylen zu vernichten. Nach dieser vernichtenden Niederlage wurde Antiochos über die Ägäis zurück nach Kleinasien getrieben. Eine vereinte römisch-pergamenische Streitmacht schlug dann 190 v. Chr. die letzte Armee des Seleukidischen Reichs in der Schlacht von Magnesia. Im Friedensvertrag musste Antiochos beinahe eine Million Pfund in Silber als Kriegsentschädigung zahlen und Territorien westlich des Taurusgebirges aufgeben, während Rhodos und dem Königreich Pergamon verschiedene Regionen in Kleinasien und Griechenland zugesprochen wurden.

Nach dem Tod Philips V. von Makedonien ging sein Thron auf seinen Sohn Perseus über. Er wollte das Königreich wiederaufbauen, die Gebiete, die sein Vater verloren hatte, zurückgewinnen und den römischen Einfluss in Griechenland beseitigen. Bis zu diesem Zeitpunkt hatte sich die Politik der verschiedenen Stadtstaaten, Bünde und Königreiche in promakedonische und prorömische Fraktionen aufgespalten. 173 v. Chr. war den Römern bewusst, dass sich ein erneuter Krieg mit Makedonien am Horizont abzeichnete, aber es bestand Sorge, wer noch in den Konflikt hineingezogen werden würde. Sollte die Zahl der Gegner zu groß sein, wäre die römische Position in Gefahr.

Eumenes II., der König von Pergamon, hielt eine Rede im römischen Senat, mit der er den Senatoren einen Schrecken einjagte und sie überzeugte, dass Perseus sowohl über die Mittel als auch die Absicht verfügte, in Italien einzufallen und Rom vollständig aus Griechenland zu vertreiben. Gesandte Makedoniens sprachen ebenfalls vor dem Senat, aber es war zu spät. Rom war überzeugt, dass

Perseus feindliche Absichten hegte und Kriegsvorbereitungen getroffen werden mussten.

Der Dritte Makedonisch-Römische Krieg dauerte vier Jahre und er riss die alten Allianzen in Griechenland auseinander. Zeitweise wandten sich sogar Illyrien und Pergamon gegen Rom. Obwohl der Krieg lange dauerte, gab es aufgrund von wechselnden Allianzen kaum Landgewinne von Dauer.

Es gab zwei bedeutende und folgenreiche Schlachten, Kallinikos und Pydna, die den Krieg zu Roms Gunsten wandten. In der ersten trafen im Jahr 171 v. Chr. beim Hügel Kallinikos in Thessalien gemischte Armeen beider Seiten aufeinander, die von Perseus von Makedonien bzw. dem römischen Konsul Licinius Crassus kommandiert wurden. Die Schlacht verlief katastrophal für die Römer und ihre pergamenischen Verbündeten. Sie verloren fast dreitausend Soldaten, während die makedonisch-thrakische Armee weniger als einhundert Gefallene verzeichnete. Perseus verließ das Schlachtfeld vor Ende der Schlacht und verursachte so ein ergebnisloses Ende anstelle einer vernichtenden Niederlage für die feindliche Streitmacht.

Die zweite entscheidende Schlacht (die Schlacht von Pydna) fand im letzten Jahr des Krieges, 168 v. Chr., statt. Dieser Sieg gab den Römern Gelegenheit zur Vergeltung. Mit Lucius Aemilius Paullus hatte Rom in dieser Schlacht einen neuen Befehlshaber, der nicht die taktischen Fehler einiger seiner Vorgänger beging. Obwohl Perseus über eine etwas größere Armee verfügte (43.000 Mann), verlor er 31.000 Soldaten und wurde gefangen genommen. Im Vergleich dazu verloren die Römer etwa einhundert Soldaten. Der daraus folgende Friedensvertrag zementierte die römische Hegemonie über einen großen Teil Griechenlands. Er teilte Makedonien in vier kleinere, prorömische Republiken auf und förderte das Wachstum prorömischer Gruppierungen in ganz Griechenland.

Es gab noch einen Vierten Makedonisch-Römischen Krieg, in dem Andriskos von Makedonien versuchte, das Königreich in

Makedonien wiederherzustellen. Der Konflikt war kurz und brutal. Die Folge war die Annexion Makedoniens als römische Provinz und die vollständige römische Kontrolle über ganz Griechenland. Nach Makedoniens Niederlage dachten die Achäer törichterweise, dass sie sich der römischen Kontrolle über die Peloponnes widersetzen könnten. Als Antwort darauf brannten die Römer Korinth nieder. Mit diesen Siegen und Machtdemonstrationen hatten die Römer die sichere Kontrolle über Griechenland. Damit begann eine Zeit, in der Griechenland Teil des Römischen Reichs war.

Kapitel 10 – Kleopatra und ihre Gatten

Als Rom und die Italiener erst einmal die Oberherrschaft über die Region Griechenland hatten, ermöglichte dies den Einfluss einer besonders bekannten historischen Person: Kleopatra. Obwohl sie meist mit Ägypten in Verbindung gebracht wird, war sie ursprünglich Griechin.

Kleopatra war die Tochter von Ptolemaios XII. Auletes. Er herrschte eine Zeitlang über Ägypten, bevor er vertrieben wurde. 55 v. Chr. gewann er den ägyptischen Thron zurück, indem er Alexandria eroberte. Damit wurde Ägypten zu einem Teil des Römischen Reichs. Gegen Ende seiner Herrschaft ernannte Ptolemaios Kleopatra zu seiner Mitregentin. Als er starb, verfügte er, dass sie und ihr Bruder, Ptolemaios XIII., Ägypten gemeinsam regieren sollten. Die beiden wurden miteinander verheiratet, um dieses Arrangement zu stärken. Dann waren sie gemeinsame Regenten, obwohl Kleopatra üblicherweise allein herrschte.

In den frühen Jahren ihrer Herrschaft stand Kleopatra einigen Herausforderungen gegenüber, da das Land unter zu wenigen Überschwemmungen des Nils, Hunger, wirtschaftlichem Misserfolg und politischen Konflikten litt. Gleichzeitig etablierte sich Kleopatra als unabhängige Herrscherin. Aufgrund einer schlecht durchgeführten Auseinandersetzung mit den Gabiniani (mächtige römische Truppen, die in Ägypten stationiert waren, um römische Interessen zu schützen), verlor Kleopatra ihre Macht. Ihr Bruder wurde an ihre Stelle gesetzt und sie floh ins Exil.

Ihr Bruder Ptolemaios verkalkulierte sich kurz darauf allerdings selbst, als er den Tod von Julius Cäsars Schwiegersohn befahl. Als Cäsar in Ägypten ankam, war er wütend und übernahm die Rolle des Schlichters, um die konkurrierenden Ansprüche von Ptolemaios und Kleopatra zu lösen. Verschlagen wie sie war, hatte sich Kleopatra in den Palast geschmuggelt, um Cäsar zu treffen. Als sich die beiden trafen, schmiedeten sie eine politische und romantische Allianz.

Cäsar half, Ptolemaios' Armee zu besiegen, und besiegelte so Kleopatras Anspruch auf den Thron. Die beiden bekamen einen Sohn, Ptolemaios Cäsar (geboren 47 v. Chr.), allerdings weigerte Cäsar sich, das Kind als seinen Erben zu benennen. Stattdessen setzte er seinen Großneffen ein. Als Kleopatra und Cäsar später Rom besuchten, wurde das als skandalös betrachtet, da Cäsar bereits verheiratet war. Nach Cäsars Ermordung kehrte Kleopatra nach Ägypten zurück.

Dort herrschte sie mit ihrem Sohn als Mitregenten. Während des römischen Bürgerkriegs schlug sie sich auf die Seite der Cäsar-Anhänger, die von Mark Anton angeführt wurden. Die beiden gingen bald eine Beziehung ein. Sie lebten eine Weile in Alexandria, in Ägypten. Kleopatra gebar zwei weitere Kinder (Alexander Helios und Kleopatra Selene II.). Die Entfernung trennte Mark Anton und sie für eine Weile, aber später nahmen sie ihre Beziehung wieder auf. Sie heirateten, ließen sich in Alexandria nieder und bekamen ein weiteres Kind.

Die beiden kämpften anfangs gemeinsam gegen Oktavian, um Kleopatras Ansprüche auf Ägypten zu schützen. Später desertierten Mark Antons Armeen und schlossen sich Oktavian an. Um ihre Truppen im Krieg zu finanzieren, stahl Kleopatra Gold aus dem Grab

Alexander des Großen. Der Krieg war nicht leicht und die Niederlagen, die sie erlitten, forderten von beiden ihren Preis. Die Historiker sind sich nicht über alle Fakten einig, aber es wird allgemein angenommen, dass sie im Jahr 30 v. Chr. Selbstmord begingen.

Kapitel 11 – Hadrians Reisen

Eine weitere Figur der römischen Geschichte, die aufgrund der römischen Herrschaft über Griechenland auch die griechische Geschichte beeinflusste, war Publius Aelius Hadrianus (Hadrian). Er herrschte als römischer Kaiser von 117 bis 138 n. Chr. Seine Herrschaft und Arbeit beeinflussten das Römische Reich und die römische Provinz Griechenland.

Hadrian behauptete, in Rom geboren zu sein, allerdings kam seine Familie mütterlicherseits aus Hispania (dem heutigen Spanien) und es ist wahrscheinlich, dass er außerhalb Italiens geboren wurde. Hadrians Abstammung väterlicherseits kann zu dem alten mittelitalischen Landstrich Picenum zurückverfolgt werden. Sein Vater ist jedoch ebenfalls in Hispania geboren und aufgewachsen. Im Alter von zehn Jahren wurde Hadrian Waise. Trajan und Publius Acilius Attianus nahmen ihn als Mündel auf. Hadrian wurde wie ein römischer Aristokrat erzogen.

Als junger Mann trat Hadrian in die Politik ein. Sein erster Posten war der eines Richters an Roms Nachlassgericht. Er wurde dann Militärtribun in der Legio II und danach in der Legio V. In dieser Rolle hatte Hadrian das Glück, seinen Mentor Trajan informieren zu können, dass er – Trajan – Erbe des verstorbenen Kaisers sei.

Hadrian absolvierte eine dritte Dienstzeit für die Legio XXII. Seine Stellung als Tribun verschaffte ihm Vorteile für seine politische Karriere.

Im Jahr 101 n. Chr. wurde Hadrian in das höhere Amt des Quästors gewählt (im Wesentlichen eine Verbindungsstelle zwischen dem Kaiser und dem Senat). Er kletterte weiter die politische Karriereleiter in verschiedenen Positionen hinauf und diente auf dem Schlachtfeld. Trotz seines Erfolgs in Rom entschied sich Hadrian, nach Griechenland zu reisen. Dort erhielt er das athenische Bürgerrecht. Er wurde auch zum Archonten von Athen ernannt. Für seine Arbeit ehrten ihn die Griechen mit einer Statue im Theater des Dionysos. Nach einiger Zeit wurde Hadrian wieder in römische Dienste gerufen. Er diente als Legat bei einer Expedition gegen die Parther und war Generalkommandeur der östlichen römischen Armee, als Trajan dafür zu krank wurde.

Trajan starb auf dem Heimweg nach Rom. Hadrian vertraute auf die enge Beziehung zu Trajans Familie, insbesondere den Frauen der Familie, um seinen Anspruch auf Trajans Nachfolge zu unterstützen. Trajans Frau hatte das Gefühl, dass Hadrian und sie die gleichen Ideale und Ziele für das Römische Reich hatten: ein Commonwealth mit einer hellenistisch geprägten Kultur. Unglücklicherweise hatten Uneinigkeiten zwischen ihm und Trajan Hadrians politische Karriere ein wenig aufs Abstellgleis gelenkt. Darüber hinaus hatte Trajan aufgehört, Hadrians politischen Ansprüche zu fördern und ihn nicht als Erben benannt. Stattdessen war es Trajans Frau, die Hadrian als Erben benannte und daher hinterfragten viele Hadrians Legitimation. Nichtsdestotrotz unterstützte der römische Senat Hadrians Position.

Hadrian schlug eine jüdische Revolte im Osten nieder und wandte sich dann den Unruhen entlang der Donau zu. Während Hadrian an der Front war, herrschte sein früherer Vormund, Attianus, an seiner Stelle in Rom. Attianus befahl die Hinrichtung hochrangiger Offiziere, weil er eine Verschwörung unter ihnen vermutete. Diese

Maßnahme, die ohne ordentliches Verfahren geschah, führte zum Zwiespalt zwischen Hadrian und dem römischen Senat.

Hadrian verbrachte als Kaiser viel Zeit außerhalb Italiens. Er ernannte einen engen Freund, Marcius Turbo, zu seiner Vertretung, wenn er außer Landes war. Das war eine ungewöhnliche Praxis, aber Hadrian wollte das Reich kennenlernen. Das gab ihm die Möglichkeit, kalkulierte Schritte zu unternehmen, um das Reich neu zu formen und die hellenistische Kultur einzuführen, die er so bewunderte. Hadrian reiste auch nach Britannien. Dort veranlasste er den Bau eines Walls, der das Reich von den Gebieten im Norden trennte. Er besuchte das südliche Gallien und Spanien, wo er den Bau neuer Tempel und einer Basilika beaufsichtigte. Er besuchte Mauretanien, wo er die Militärausbildung für junge Männer finanzierte, in der Hoffnung, dass sie sich später der römischen Armee anschließen würden. In Mesopotamien handelte er ein Abkommen aus und inspizierte die dortigen römischen Verteidigungsanlagen. Dann setzte er seine Reise fort und kam schließlich in Griechenland an.

Hadrian erreichte Griechenland im Jahr 124 n. Chr. Es war Herbst und er konnte an den Eleusyschen Mysterien (Initiationsriten für griechische Götter) teilnehmen. Während er sich in Griechenland aufhielt, nahm er aktiv am politischen Leben teil. Er überarbeitete die Verfassung, traf Entscheidungen für die Wirtschaft und gründete Stiftungen, um öffentliche Spiele und Veranstaltungen zu finanzieren. Er befürwortete den Bau von Aquädukten und öffentlichen Brunnen. Er half auch, alte Schreine wiederherzustellen. Seine Handlungsweise diente dazu, die römische Herrschaft über das Land zu sichern und die römische Führung mit griechischer Kultur anzureichern. Er lud auch griechische Politiker in den römischen Senat ein. Diese Handlungen stärkten die politischen Verbindungen zwischen Griechenland und dem ausgedehnten Römischen Reich.

Nach seiner Aktivität in Griechenland machte sich Hadrian auf, um nach Italien zurückzukehren. Unterwegs besuchte er Sizilien.

Zurück in Italien reiste er durchs Land. Auch dort ließ er Schreine und andere wichtige Bauwerke restaurieren. Während viele Menschen seine Verbesserungen guthießen, war die Bevölkerung weniger mit seinen Plänen (127 n. Chr.) einverstanden, Italien in vier verschiedene Regionen zu teilen, die von Gouverneuren geführt wurden. Kurz darauf wurde Hadrian krank, aber er reiste weiter. Er besuchte Afrika und seine Ankunft fiel mit dem Ende einer Dürre zusammen.

Hadrian fühlte sich aber schon bald in sein geliebtes Griechenland zurückgezogen. Er beschränkte diesen Besuch auf Athen und Sparta. Er wollte einen panhellenischen Rat institutionalisieren, um alle griechischen Städte zu einer Gruppe zu vereinen. Nachdem er das große Projekt in Gang gesetzt hatte, reiste er weiter nach Ägypten. Dort ließ er Gräber wiederherstellen und unternahm eine Schiffsreise auf dem Nil. Auf dieser Fahrt ertrank sein engster Freund und möglicherweise Liebhaber Antinoos unter ungeklärten Umständen. Zu Antinoos Ehren gründete Hadrian Antinoupolis, einen ungewöhnlichen Tempel-Stadt-Komplex, dessen Gemeindeverfassung die einer griechischen Polis war.

Schon bald kehrte Hadrian nach Griechenland zurück, um das Panhellenion feierlich zu eröffnen. Stadtstaaten mussten ihr griechisches Erbe demonstrieren, um Mitglied zu werden. Das alles war Teil von Hadrians Versuch, die klassische griechische Kultur zu schützen. Einige hatten den Eindruck, dass seine Sicht der hellenistischen Kultur zu eng war, und zeigten kein Interesse am Panhellenion. Andere hingegen sahen Hadrian als eine Gottheit. Ihm wurden Ehrentitel verliehen und es wurden Monumente zu seinen Ehren errichtet. Hadrian überwinterte in Athen, bevor er sich nach Osten Richtung Judäa aufmachte.

In Judäa setzte Hadrian seine Umbau- und Verbesserungsmaßnahmen fort. Einige glaubten fälschlicherweise, er plane, einen jüdischen Tempel für den Gebrauch der Römer umzugestalten. Berichte deuten an, dass Hadrian auch beabsichtigte, andere jüdische Traditionen abzuschaffen, z.B. die Beschneidung. Eine antihellenistische und antirömische Strömung wuchs unter der jüdischen Bevölkerung. Die Römer waren nicht auf eine Revolte vorbereitet und überfordert. Schließlich besiegten sie jedoch die jüdische Bevölkerung und es soll zu scharfen Strafmaßnahmen gekommen sein. So wurde die Provinz aus der römischen Weltkarte getilgt und mehrere Schlüsselgebiete umbenannt.

Schließlich kehrte Hadrian nach Rom zurück. Er war enttäuscht, dass der Fortschritt in Richtung eines kosmopolitischen Reichs gestört worden war. Er versuchte weiterhin, Brücken zwischen Rom und Griechenland zu schlagen, und errichtete z.B. einen Tempel für die griechischen und römischen Göttinnen, um die universelle Natur des gesamten Reichs zu betonen.

Als Hadrian am Ende seines Lebens stand, musste er die Frage seiner Nachfolge regeln, da er keine Kinder hatte. Er adoptierte den Konsul Lucius Ceionius Commodus, damit dieser sein Erbe werden konnte. Einige nahmen an, dass Lucius Hadrians biologischer Sohn war. Lucius starb jedoch vor Hadrian, so dass Hadrian Titus Aurelius Fulvus Boionius Arrius Antoninus adoptierte, um einen Erben zu haben. Die Entscheidung wurde nicht gut aufgenommen.

Hadrian starb 138 n. Chr. im Alter von 62 Jahren. Seine Gesundheit hatte schon seit längerer Zeit nachgelassen. Er starb vermutlich an Herzversagen.

Hadrian hatte fast sein ganzes Leben für die Unterstützung der hellenistischen Kultur gearbeitet. Kurz nach seinem Tod erschien eine neue Bedrohung in der Region, eine, die auf ihrem Weg Zerstörung und Furcht unter den Völkern Griechenlands und Roms hinterließ. Die hellenistische Kultur wurde erneut bedroht und für die Griechen ging es einmal mehr ums Überleben.

Kapitel 12 – Die Angriffe der Goten auf Griechenland

Obwohl sie Zerstörung mit sich brachten und eine ungeheure Wirkung auf die antike Welt hatten, liegen die Ursprünge der alten gotischen Stämme weitgehend im Dunkeln. Es gibt nur spärliche Hinweise ihrer Reisen, Kultur und Geschichte vor ihrem Kontakt mit dem Römischen Reich, einschließlich Griechenland. Archäologen und Forscher haben verschiedene Gruppen erforscht, die möglicherweise auch die Goten einschlossen, in der Hoffnung, ihre Ursprünge kennenzulernen. Aber sie sind noch zu keinem definitiven Ergebnis gekommen.

Die historische Überlieferung wird erst mit dem dritten nachchristlichen Jahrhundert deutlicher, als verschiedene gotische Stämme sich auf den Weg nach Kleinasien und zum Balkan machten. In diesen Gebieten berührten sie meist griechische Siedlungsgebiete. Anfangs waren die Angriffe auf die Nordküste des Schwarzen Meeres und die untere Donau begrenzt. Das änderte sich nach der römischen Niederlage in der Schlacht von Arbritus im Jahr 251 n. Chr. gegen einen Zusammenschluss skythischer und gotischer Stämme.

Nach diesem Sieg gewannen die Goten wahrscheinlich an Selbstvertrauen und fuhren fort, ihren Einflussbereich zu erweitern.

Sie begannen ungestraft, die Hauptregion Kleinasiens mit Raub- und Plünderungszügen zu überziehen. Nicht einmal die größten und ältesten Städte konnten ihrem Zorn entgehen. Die Goten waren brutal und metzelten alles in ihrem Weg nieder. Beinahe ganze Bevölkerungen wurden aufgerieben. Dadurch wurden auch die wirtschaftlichen Zukunftsaussichten der Region zerstört. Die ausgedehnten Raubzüge der Goten durch Kleinasien ereigneten sich während der Herrschaft des Kaisers Valerian.

Im Jahr 253 n. Chr. versuchten die Goten und ihre Verbündeten, ihren Einflussbereich sogar noch stärker zu erweitern. Einige gotische Gruppen segelten die Südküste Kleinasiens entlang, bis sie Ephesos und Pessinus erreichten. Währenddessen machten sich andere gotische Horden auf den Weg, um das griechische Festland zu überfallen und zu terrorisieren. Die Boraner (Verbündete der Goten) zwangen den römischen Kommandeur des Bosporus, seine Flotte zu übergeben. Als nächstes belagerten die gotischen Horden die Stadt Pityus an der Nordostküste des Schwarzen Meeres. Die Stadt, die nur von einem kleinen römischen Kontingent verteidigt wurde, schlug die gotischen Stammeskrieger erfolgreich in die Flucht.

Die Goten waren jedoch nicht willens, die Niederlage zu akzeptieren und kehrten etwa ein Jahr später zurück, um die Region erneut zu unterwerfen. Beim zweiten Versuch waren sie erfolgreicher und die Stadt Pityus fiel in ihre Hände. Nach diesem Erfolg segelten sie weiter nach Süden nach Trapezus (heute Trabzon) – eine Stadt und römische Garnison mit starken Befestigungsmauern. Die Römer waren nicht angemessen vorbereitet. Einigen Boranern gelang es, die Mauern zu erklimmen und den anderen die Tore zu öffnen. Nachdem sie die Stadt geplündert und die Überlebenden versklavt hatten, segelten die Boraner und Goten triumphierend über die Donau hinüber nach Hause.

Ein zweiter gotischer Feldzug gegen Griechenland und Kleinasien ereignete sich etwa 257 n. Chr. Die Goten waren zuversichtlich, dass sie ihren Erfolg wiederholen konnten, und segelten mit einer großen

Flotte zur Nordküste Kleinasiens. Ihre Armee folgte zu Land und zu Wasser und hinterließ eine Schneise der Verwüstung entlang der Westküste des Schwarzen Meeres. Dieses Mal war ihr Hauptziel Bithynien, aber das hielt sie nicht davon ab, auf ihrem gesamten Weg Verheerung anzurichten. Die Garnison, die die Stadt Chalkedon verteidigen sollte, floh und ließ die Stadt unverteidigt. Sie wurde eine leichte Beute. Die Goten ließen dieser Zerstörung weitere folgen, sie brannten die Stadt Nikomedia nieder, die ebenfalls von ihren Verteidigern verlassen wurde. Die Goten zogen weiter und zerstörten alle Städte auf ihrem Weg. Kaiser Valerian konnte nichts tun, um die mordenden und plündernden Goten und ihre Verbündeten aufzuhalten. Die Zerstörung endete erst, als die Goten endlich ermüdet waren und sich entschieden, nach Hause zurückzukehren.

Die gotischen Horden machten sich um 260 n. Chr. zum dritten Mal auf zu einem Feldzug voller Tod und Zerstörung. Andere germanische Völker hatten zudem ihren Platz in der Region etabliert. Die zusätzliche Bedrohung trug zum vorhandenen Chaos bei. Etwa 268 n. Chr. fühlten sich die Goten unter Druck, am Südufer des Dniester zu siedeln. Sie kamen einschließlich ihrer Verbündeten mit einer großen Armee und Flotte. Diese vereinte Streitmacht war die größte, die im dritten Jahrhundert ins Römische Reich einfiel. Die Armee und die Flotte wüteten wie gewöhnlich in der gesamten Region.

Vor nicht allzu langer Zeit haben Historiker einen Teil eines alten griechischen Textes entdeckt, der die Auswirkungen der Goten auf Griechenland beschreibt. Die Goten begannen einen Angriff auf Griechenland mit einem Angriff auf die griechische Stadt Thessaloniki. Die dortigen Griechen verteidigten sich allerdings erfolgreich. Die gotische Streitmacht wandte sich südlich nach Athen. Der Text beschreibt eine Schlacht, die in einem engen Pass in den Thermopylen geschlagen wurde, wo den Goten der Weg für den Vormarsch verstellt wurde. Die Griechen hielten mit allem stand, was sie an Waffen zur Verfügung hatten. Das Ergebnis dieser

Auseinandersetzung ist nicht bekannt, weil die historischen Berichte unvollständig sind.

Die psychologische Wirkung der häufigen Überfälle der Goten war enorm. Das galt auch für Menschen, die im Inland lebten und weniger von Angriffen gefährdet waren, weil die Goten sich auf Gebiete nahe der Wasserwege konzentrierten. Jeder lebte in Furcht und Schrecken vor der fernen Gefahr. Die Bewohner von Stratonikeia riefen z.B. Zeus in seinem Tempel in Panamara an und fragten, ob die Stadt angegriffen werden würde. Die Legende besagt, dass Zeus die Nachricht übermittelte, dass sie (die Bewohner) es nicht zulassen würden, dass ihre Stadt in die Hände von Barbaren fallen würde.

Die von vielen Einwohnern der Region empfundene Panik wurde durch den Umstand vergrößert, dass die römischen Garnisonen die Goten kaum aufhalten konnten. Mehrfach gaben die Garnisonen ihre Städte oder Posten einfach auf und die Städte blieben ohne Schutz. Im Zusammenhang mit der Bedrohung durch die Goten erschreckte dies die Menschen zutiefst und ließ sie fürchten, dass sie angegriffen und versklavt werden könnten.

Im Jahr 268 n. Chr. fand die vorletzte Schlacht zwischen den Goten und den Römern in Naissus in Obermysien statt. Die Goten, die oft monatelang unterwegs waren, hatten Probleme, mehr Proviant zu bekommen. Obwohl sie Verstärkung von jenseits der Donau erhielten, wurden sie schließlich 269 n. Chr. besiegt. Die Römer töteten oder nahmen 50.000 Barbaren gefangen und setzten viele der Gefangenen als Sklaven auf Höfen in der Region ein. Weitere Wellen von Barbaren, darunter auch Goten, versuchten – wenn auch in kleinerem Maßstab – neue Angriffe, aber sie wurden um 277 n. Chr. zurückgetrieben.

Im Jahr 297 n. Chr. erhielten die östlichen Regionen des Römischen Reichs einschließlich Griechenland größere Verstärkung zum Schutz vor zukünftigen Invasionen. Verschiedene Kaiser versuchten, die politischen Beziehungen zu den Goten neu zu gestalten, indem sie in der Hoffnung, sie kontrollieren und im Zaum halten zu können, Frieden anboten. Diese Politik führte zu einer friedlichen Beziehung, die bis zur Herrschaft von Konstantin dauerte.

Die Übereinkommen beendeten nicht alle Überfälle und es gab immer noch gelegentliche Angriffe von gotischen Horden, aber die Tage des gotischen Terrors waren für die Bevölkerung Griechenlands und das Römische Reich vorüber. Mittlerweile hatte sich eine neue dominierende Kraft in die Region ausgedehnt, die weitreichende Veränderungen bewirken sollte.

Kapitel 13 – Der Aufstieg des Christentums

Die Geschichte läuft in Parallelen. Während auf der einen Seite Kriege ausgefochten wurden und sich die Machtverhältnisse änderten, verbreitete sich eine andere einflussreiche Bewegung durch Griechenland und den gesamten Mittelmeerraum. Diese Bewegung war das Christentum und es sollte die griechische Geschichte außerordentlich stark beeinflussen.

Es ist bemerkenswert, dass im ersten nachchristlichen Jahrhundert etwa drei Viertel der Christen im Römischen Reich Griechisch sprachen. Die Schriften, die die Christen lasen, waren in Griechisch. Vor den Reisen des Paulus waren viele Christen Anhänger des jüdischen Glaubens gewesen, dessen Schriften ebenfalls in Griechisch verfasst waren. Spätere Bücher der Bibel waren ursprünglich in Griechisch geschrieben und verwendeten Ausdrücke, Wendungen und Illustrationen, die leicht von den Griechen oder jenen, die mit der griechischen Kultur vertraut waren, verstanden werden konnten. Allerdings waren weder Jesus noch die Apostel noch andere Autoren des Neuen Testaments Griechen, alle waren Juden.

Man fragt sich, wie die griechische Sprache so zentral für die Ausbreitung des Christentums wurde und man mag sich gleichfalls fragen, wie die frühesten christlichen Autoren, Missionare und Apologeten ihre Anliegen vortrugen, so dass sie für Griechisch sprechende Menschen leicht verständlich waren. Historiker haben mit der Lupe der Geschichtswissenschaft hierauf Antworten gefunden.

Unter römischer Herrschaft, insbesondere nach der Herrschaft Hadrians, florierten die größeren Städte Kleinasiens, Syriens und Ägyptens immer noch als Zentren der griechischen Kultur. Die griechische Kultur wirkte wie ein Klebstoff, der die Menschen in den östlichen Teilen des Reichs zusammenhielt. Der Hellenismus wirkte auf jeden Teil des Lebens, inklusive der Institutionen der Regierung, des Rechts, der Wirtschaft und des Handels, des Gewerbes und sogar der Mode. Typischerweise beeinflusste das Athener Design die Entwicklung in den meisten griechischen Städten ebenso wie die öffentlichen Bauten während der Athener Vorrangstellung: Gymnasien, Theater, öffentliche Plätze und Tempel. Das antike Griechenland war ursprünglich polytheistisch, aber das änderte sich, als die christlichen Missionare kamen.

Die Geschichte des Christentums erstreckt sich weit über die Grenzen Griechenlands hinaus. So wie die griechische Sprache die Verbreitung des Christentums beeinflusste, so beeinflusste die Verbreitung des Christentums auch den Lauf der griechischen Geschichte und der anderer Mittelmeerregionen.

Unter den frühesten christlichen Missionaren, die in der griechischen Welt predigten, war keiner so berühmt wie Paulus. Bis heute können Besucher Athens am Fuß des Areopags innehalten und eine Bronzeplakette betrachten, die an die berühmte Rede erinnert, die Paulus dort gehalten hat. Der Bericht darüber ist im siebten Kapitel der Apostelgeschichte aufgezeichnet. Die ersten Worte, „Männer von Athen", waren die typische Eröffnung eines griechischen Redners, um sich bei seinem Publikum beliebt zu machen, das hauptsächlich aus Epikureern, Stoikern und anderen Philosophen bestand.

Anstatt ihren Glauben zu kritisieren, erkannte Paulus die lange Tradition des griechischen Polytheismus an. Dieser Polytheismus war zu Paulus Zeiten in seiner Struktur so komplex geworden, dass die Menschen den Schluss zogen, dass sie in ihren Gottesdiensten möglicherweise einen Gott vergessen hatten. Daher hatten sie sogar einen Altar „Für einen unbekannten Gott" errichtet. Paulus zog aus diesem Glauben Nutzen und fuhr fort, diesen „unbekannten Gott" als den zu beschreiben, den der christliche Glaube kennt. Laut der Apostelgeschichte begannen einige wichtige Personen nach seiner Predigt an diese neuen Lehren zu glauben und folgten Paulus' Einladung zum Christentum: Dionysius Areopagita, Damaris und andere.

So hatte Paulus seine Hörer erreicht, indem er sich Vorstellungen zunutze machte, die sie verstanden. Die Stoiker der Zeit stimmten mit ihm überein, dass Gott die Quelle menschlichen Lebens sei, dass alle Menschen derselben Rasse angehörten, dass Gott den Menschen ähnlich sei und dass das menschliche Leben von Gott abhänge. Paulus betonte diesen letzten Punkt, indem er Werke der stoischen Dichter Aratos und Cleanthes zitierte. Die Epikureer fanden ebenfalls Gemeinsamkeiten mit Paulus: dass Gott lebe und erfahren werden könne, dass er ein eigenständiges Wesen sei und nichts von den Menschen fordere und dass er nicht in den von Hand errichteten Tempeln wohne. Diese gemeinsamen Vorstellungen halfen zu der Zeit vielen, das Christentum zu akzeptieren.

Jedoch akzeptierten nicht alle, die von Paulus' Werk hörten, seine Worte. Nach Jahren des Predigens und der Missionarsarbeit wurde Paulus verfolgt, eingesperrt, verurteilt und während der Herrschaft Kaiser Neros in Rom hingerichtet. In den nächsten zwei Jahrhunderten kam es - beginnend mit dem großen Brand Roms unter Nero im Jahr 64 n. Chr. - periodisch immer wieder zu Christenverfolgungen. Sie wurden vom Staat und von den örtlichen Behörden durchgeführt. Von 250 n. Chr. an kam es per Dekret des Kaisers Decius zu Verfolgungen im ganzen Reich. Das Dekret war 18

Monate lang in Kraft, in denen einige Christen getötet wurden, während andere dem Glauben abschworen, um der Verfolgung zu entgehen.

Die Christen erlebten unter Kaiser Flavius Valerius Constantinus (auch als Konstantin I. oder Konstantin der Große bekannt) endlich eine Atempause während ihrer jahrhundertelangen Verfolgung. Im Gegensatz zu seinen Vorgängern maß Konstantin dem Wachstum des Christentums einen Wert bei. Als er erst einmal alleiniger Kaiser war (als er an die Macht kam, gab es zunächst eine Tetrarchie), unternahm er Schritte, um alle legalen Einschränkungen gegenüber Christen aufzuheben, und beendete alle offiziellen, vom Staat finanzierten Verfolgungen.

Im Edikt von Mailand 313 n. Chr. eröffnete Konstantin den Bürgern des Reichs neue Freiheiten und Schutz vor jahrhundertealten bigotten Edikten. Ohne Zweifel erlebten die Christen des vierten Jahrhunderts einen nie zuvor gekannten Frieden, als sie vom Edikt von Mailand erfuhren. Konstantins Konvertierung zum Christentum ist kontrovers und unter Historikern immer noch Gegenstand von Debatten. Die Forscher sind sich nicht sicher, ob die Konvertierung aus persönlichen oder politischen Gründen erfolgte.

Allerdings hatte Konstantin, schon bevor er alleiniger Kaiser wurde, von einem Traum gesprochen, den er vor einer entscheidenden Schlacht gegen Maxentius an der Milvischen Brücke (312 n. Chr.) hatte. In diesem Traum teilte Gott Konstantin mit, er möge das christliche „Chi-Rho"-Monogramm auf die Schilde seiner Soldaten malen lassen, um des Sieges gewiss zu sein. Ob es aus Verzweiflung oder blindem Glauben geschah, jedenfalls folgte er der Anweisung aus seinem Traum, trug ein neues Banner der Ergebenheit in die Schlacht und gewann sie sogar gegen eine Streitmacht, die mehr als doppelt so stark war wie seine.

Mit diesem Sieg und dem Tod von Maxentius, der zu Beginn der Schlacht ertrunken war, wurde Konstantin alleiniger Kaiser eines ungeteilten Reichs, womit auch das Christentum siegreich aus der

Schlacht hervorging. Konstantins Taten ebneten dem Christentum den Weg, eine führende Rolle in der Gesellschaft einzunehmen, statt verfolgt zu werden.

Im fünften Jahrhundert hatte sich das Christentum zur Staatsreligion des Römischen Reichs und damit auch Griechenlands entwickelt. Dies führte zu massiven Veränderungen der Art und Weise, wie der Glaube in der Gesellschaft funktionierte. Da die Zeit der Verfolgungen vorbei war, gab es eine Bewegung vom privaten zum öffentlichen Gottesdienst. Das Christentum wurde auch zur Gemeindeangelegenheit, insbesondere als erst einmal theologische Debatten und Häresien an die Oberfläche traten. Das Christentum änderte seine Organisationsstruktur und entwickelte sich von einem örtlich eng auf die Kirchengemeinde begrenzten System zu einer formalen, hierarchisch orientierten Struktur mit verschiedenen Zuständigkeitsebenen. Darüber hinaus konnten die christlichen Oberen entscheiden, wie sich das Christentum zu Gesetz und Regierung verhalten sollte, wie mit Barbarenvölkern zu verfahren sei und wie all jene Probleme gehandhabt werden sollten, die in jeder entwickelten Gesellschaft auftreten.

Konstantins Herrschaft war der Beginn einer neuen Ära im Römischen Reich. Er baute eine neue kaiserliche Residenz in Byzanz und gab der Stadt ihren neuen Namen, Konstantinopel. Sie wurde zur Hauptstadt des Reichs für mehr als tausend Jahre. Nach weiteren Grenzveränderungen und kulturellem Wandel wurde die Region schließlich das Byzantinische Reich genannt. Diese Veränderung traf mit dem Ende der Geschichte des antiken Griechenlands und dem Beginn des Mittelalters zusammen.

Kapitel 14 – Das Ende der Antike

Obwohl das Christentum in der Region stärker wurde, begann sich der Griff der römischen Herrschaft zu lockern, was schließlich zu einer völligen Veränderung der griechischen Lebensweise führte. Diese Veränderung bestand im Übergang Griechenlands von einem Gebiet unter römischer Herrschaft zu einem Teil des Byzantinischen Reichs. Die fortschreitenden Veränderungen der Herrschaft und der Kultur führten außerdem zu Ereignissen, die die Region antrieben, sich aus der Zeit des antiken Griechenlands hinaus zu bewegen. Das brauchte, wie alles, viele Schritte und Ereignisse.

Von der Zeit des Kaisers Diokletian an, der als Kaiser, Mitkaiser und Teil einer Tetrarchie von 284 bis 305 n. Chr. herrschte, ging das Römische Reich durch tiefgreifende und lang anhaltende Veränderungen. Das Reich befand sich im Niedergang. Verschiedene Maßnahmen Diokletians hielten diese Entwicklung einerseits auf, beschleunigten sie andererseits aber auch. So teilte die Tetrarchie das Reich auf, um die Verwaltung und Regierung zu vereinfachen. Die Aufteilung sorgte jedoch für Verwirrung in den Grenzgebieten und führte zu weiteren Komplikationen, wenn einer der Tetrarchen vor den anderen starb.

Obwohl es Konstantin gelang, bis zu seinem Tod im Jahr 337 n. Chr. über ein vereintes Römisches Reich zu herrschen, erwies sich diese Einheit als illusorisch und konnte nicht aufrechterhalten werden. 364 n. Chr. teilte Valentinian I. das Reich erneut in ein weströmisches und ein oströmisches Reich auf und machte sich zum Herrscher über den westlichen Teil. Er ernannte seinen Bruder Valens zum Herrscher über den Osten. Das Schicksal der beiden Regionen entwickelte sich in den nächsten Jahrhunderten sehr unterschiedlich.

Im Jahr 451 n. Chr. teilte das Konzil von Chalkedon die christliche Welt in fünf verschiedene Patriarchate auf, denen jeweils ein Patriarch vorstand: Rom, Alexandria, Antiochia, Jerusalem und Konstantinopel. 476 stürzte der Barbarenherrscher Odoaker den letzten römischen Kaiser (Romulus Augustus), eroberte Rom und machte sich selbst zum König von Italien.

Im späten vierten Jahrhundert sorgte die Wanderung germanischer Stämme für weitere Risse im Reich und führte schließlich zum völligen Zusammenbruch des westlichen Teils. Diese Gebiete wurden dann durch die sogenannten Barbarenkönigtümer ersetzt. Das bedeutete auch den Niedergang der herausragenden Stellung der griechischen Kultur. Aber schon bald vermischten sich die gräko-romanischen, christlichen und germanischen Gruppen und ihre Kulturen flossen ineinander. Das legte die Grundlagen für eine sich neu entwickelnde Kultur in Westeuropa.

Die Osthälfte des Reichs profitierte indessen von einer starken Verwaltung und politischer Stabilität und im Vergleich zu anderen Staaten auch von beträchtlichem Wohlstand. Die Kaiser des Ostens waren zudem in der Lage, Kontrolle über die ökonomischen und militärischen Ressourcen des Reichs auszuüben und zu behalten, um eine ausreichende Streitmacht im Falle einer Invasion aufstellen zu können. Diese Vorteile versetzten das Oströmische Reich (das auch das Byzantinische Reich oder Byzanz genannt wurde), das Weströmische Reich um fast tausend Jahre zu überdauern. Dadurch überlebte auch die griechische Kultur und Sprache in jenen Regionen.

Im Jahr 527 n. Chr. wurde Justinian I. Kaiser und regierte bis zu seinem Tod im Jahr 565 n. Chr. Justinian war der erste, wahrhaft byzantinische Kaiser. Während seiner Herrschaftszeit versuchte er, die Länder, die im Westen an die Barbarenstämme verloren gegangen waren, wiederzugewinnen und das große Reich wiederherzustellen. Seine Armeen wurden von dem charismatischen und fähigen General Belisar befehligt, der Teile des Weströmischen Reichs zurückeroberte, darunter Nordafrika. Justinian trug aber auch in anderer Hinsicht zum Wachstum des Reichs bei. Viele große Monumente wurden unter seiner Herrschaft errichtet, darunter die kuppelförmige Kirche der Heiligen Weisheit oder Hagia Sophia, die noch heute steht. Justinian reformierte, vereinfachte und kodifizierte das römische Recht und verfasste einen Rechtskodex, der Jahrhunderte Bestand hatte und dazu beitrug, die moderne Auffassung von Staat und Regierung zu formen.

Beim Tod Justinians war das Byzantinische Reich der größte und einflussreichste Staat Europas. Allerdings gelang das nur zu einem hohen Preis. Schulden begannen sich während der verschiedenen Feldzüge und Eroberungen aufzutürmen und stellten eine ernsthafte Belastung der kaiserlichen Finanzen dar. Um die Defizite auszugleichen, erhoben sowohl Justinian als auch seine Nachfolger massive Steuern von byzantinischen Bürgern. Darüber hinaus wurde die kaiserliche Armee in ihrer Stärke reduziert. Die Armee war schließlich zu verstreut, um die Kontrolle über die größer gewordenen Grenzen des Reichs aufrechtzuerhalten. Eine neue, gefährlichere Bedrohung zeigte sich durch den Aufstieg des Islam. Im Jahr 634 n. Chr. begannen die muslimischen Armeen mit dem Einmarsch in Syrien ihren Angriff auf das Byzantinische Reich. Am Ende des Jahrhunderts hatte Byzanz Syrien, das Heilige Land, Ägypten und Nordafrika an die islamischen Truppen verloren.

Wissenschaftler tun sich schwer, ein Datum oder auch nur ein Jahr zu nennen, das das Ende der Antike in Griechenland markiert. Kriege und Niederlagen bewirkten Veränderungen in der Region, die Kultur änderte sich jedoch langsamer. Griechenland war immer eine eigene, dominante Kultur gewesen. Es hatte Einflüsse durch die römische Kultur gegeben und es gab eine neue Mischung von kulturellen Merkmalen im Byzantinischen Reich. In den Jahren nach den muslimischen Invasionen hatte sich die griechische Kultur weiter gewandelt. Einige Aspekte gingen verloren, andere kamen hinzu und neue Merkmale entwickelten sich. Der langsame sozio-ökonomische Wandel zwischen dem antiken und mittelalterlichen Griechenland kann nicht auf ein bestimmtes Datum festgelegt werden. Trotz aller Veränderungen hat das Erbe des antiken Griechenlands fortgelebt und zukünftige Generationen und weit entfernte Orte beeinflusst.

Schlussbemerkung

Mit seinen historischen Wurzeln und seinem Einfluss wird Griechenland heute als „Wiege der westlichen Zivilisation" bezeichnet. Es brachte die Demokratie und die Philosophie hervor. Es trieb die Literatur und die Mathematik voran. Große Persönlichkeiten hinterließen ihre Spuren in der Geschichte und bleiben Teil unserer modernen Kultur, sogar in der Massenunterhaltung durch Bücher und Filme. Die bedeutenden Stätten des antiken Griechenlands existieren noch und Besucher reisen dorthin, um die Kunst und die Architektur zu bewundern.

Auch nach der Antike durchlebte Griechenland Veränderungen, die den Rest der Welt beeinflussten. Dazu gehört Griechenlands zeitweise Existenz unter dem Osmanischen Reich. Die griechisch-orthodoxe Kirche entwickelte sich und beeinflusste das moderne Griechenland und die religiöse Landschaft der übrigen Welt. Das moderne Griechenland erfreut sich weiterhin einer funktionierenden Demokratie und Wirtschaft, die Menschen verfügen über eine hohe Lebensqualität und einen guten Lebensstandard.

Heute ist Griechenland (offiziell die Hellenische Republik) mit seiner Hauptstadt Athen ein Staat in Südeuropa, am südlichen Ende der Balkanhalbinsel. Es verfügt über Grenzen mit Albanien im

Nordwesten und mit der Türkei im Nordosten. Im Norden liegen die Republik Mazedonien und Bulgarien. Der niedrigere Teil des Landes ist von Meer umgeben und hat die längste Küstenlinie der Mittelmeerstaaten. Das Land ist geprägt von Bergen und Inseln vor den Küsten. Es ist in neun geographische Regionen eingeteilt, darunter Zentralgriechenland, Mazedonien, Peloponnes, Thessalien, Epirus, Thrakien, Kreta sowie die Ionischen und Ägäischen Inseln. Nach Jahren des Krieges und der Konflikte herrscht heute Frieden und Wohlstand.

Literaturverzeichnis

The Hellenistic World from Alexander to the Roman Conquest: A Selection of Ancient Sources in Translation von Michael M. Austin

The World of Late Antiquity: AD 150-750 von Peter Brown

Readings in Ancient Greek Philosophy: From Thales to Aristotle, hrsg. von S. Marc Cohen, Patricia Curd und C. D. C. Reeve

Hadrian and the Triumph of Rome von Anthony Everitt

A War Like No Other: How the Athenians and Spartans Fought the Peloponnesian War von Victor Davis Hanson

Ancient Greece: From Prehistoric to Hellenistic Times von Thomas R. Martin

Roman Conquests: Macedonia and Greece von Philip Matyszak

A Short History of Byzantium von John Julius Norwich

A Companion to Ancient Macedonia, hrsg. von Joseph Roisman und Ian Worthington

Hellenic Religion and Christianization C. 370-529 von Frank R. Trombley

Encyclopedia of Ancient Greece, hrsg. von Nigel Wilson

www.ingramcontent.com/pod-product-compliance
Lightning Source LLC
LaVergne TN
LVHW041649060526
838200LV00040B/1778